Santiago Cantera Montenegro

Los Sacramentos de la Iglesia

Santiago Cantera Montenegro

Los Sacramentos de la Iglesia

Breves catequesis

CREDO EDICIONES

Imprint

Cover image: www.ingimage.com

Publisher:
CREDO EDICIONES
is a trademark of
International Book Market Service Ltd., member of OmniScriptum Publishing Group
17 Meldrum Street, Beau Bassin 71504, Mauritius

Printed at: see last page
ISBN: 978-620-2-47867-0

ÍNDICE

Presentación 2
Los Sacramentos 3
El Bautismo 7
La Confirmación 11
La Eucaristía: fuente y cumbre de la vida cristiana 14
La reconciliación sacramental: el Sacramento de la Penitencia 24
La Unción de los Enfermos o Extremaunción 32
El Sacramento del Orden 39
El Sacramento del Matrimonio 46

PRESENTACIÓN

La presente síntesis catequística o catequética sobre los Sacramentos de la Iglesia Católica fue elaborada en un principio como artículos que aparecían en la revista mensual *El Pan de los Pobres*, editada por un particular desde finales del siglo XIX y más recientemente asumida por la Sociedad de San Vicente de Paúl de Bilbao (Vizcaya, España), de la que soy colaborador habitual después de que el P. Dom Manuel Garrido Bonaño, monje de mi comunidad benedictina de la Abadía Santa Cruz del Valle de los Caídos (San Lorenzo de El Escorial, Madrid, España), me pasara el testigo unos años antes de su fallecimiento. Esta revista, que cuenta con una amplia difusión en toda España, está orientada originariamente a promover la devoción al popular santo franciscano Antonio de Padua, natural de Portugal y luego asentado en Italia. A petición del presidente de la mencionada Sociedad en Bilbao y director de la revista, D. Luis Fernando de Zayas, preparé esta serie de artículos que ahora se ofrecen reunidos en su conjunto, pues sería muy difícil poder reunirlos todos para leerlos y usarlos para la catequesis sin disponer de todos los números donde fueron publicados, con la incomodidad que además ello supondría.

La gracia divina, que es la "participación en la naturaleza divina" según enseña San Pedro, se nos transmite fundamentalmente a través de los Sacramentos, la oración y las buenas obras. El hombre nada puede en su propio perfeccionamiento y ascenso hacia Dios sin el auxilio de la gracia divina, que es un anticipo de la gloria celestial ya en esta vida. Cuando el cristiano se encuentra en estado de gracia, la Santísima Trinidad habita en su alma (inhabitación trinitaria en el alma), lo cual es fuente inmensa de gracias y permite descubrir la riqueza de la vida interior y aborrecer el pecado mortal, por el cual expulsamos esa presencia divina que se nos otorga.

Penetremos, por tanto, en la vida de la gracia y conozcamos mejor la manera en que Dios la derrama sobre nosotros por medio de los Sacramentos de la Iglesia. Acudamos a ellos como fuente de vida espiritual que Jesucristo, quien los instituyó para nuestro bien, nos concede por medio del Espíritu Santo, el cual prosigue actuando en la Iglesia y llevando a término la obra de Cristo para conducirnos hacia el Padre celestial y hacia la contemplación perfecta del misterio trinitario.

LOS SACRAMENTOS

La gracia

El hombre necesita de la gracia sobrenatural para participar en la vida divina, a la que fue llamado desde el principio y cuyas puertas, después del desastre ocasionado por el pecado original, se le han abierto de nuevo en virtud de la obra redentora de Jesucristo. La gracia, de hecho, está definida precisamente como la "participación en la naturaleza divina" (2Pe 1,3-4) y, por tanto, en la vida divina; o también, como lo hace el *Catecismo Mayor* de San Pío X: "un don interno, sobrenatural, que se nos da, sin ningún merecimiento nuestro, por los méritos de Jesucristo, en orden a la vida eterna" (parte IV, cap. 1, n. 10).

Los sacramentos

Los sacramentos son los medios principales instituidos por el mismo Jesucristo para comunicarnos sus méritos y transmitirnos así la gracia. Como bien los define el *Catecismo de la Iglesia Católica* (en adelante, puede aparecer citado con las siglas *CEC*, según el título en latín), "son signos eficaces de la gracia, instituidos por Cristo y confiados a la Iglesia, por los cuales nos es dispensada la vida divina" (n. 1131).

Los sacramentos son siete, conforme a lo que ha venido enseñando el Magisterio de la Iglesia y lo confirmó solemnemente el Concilio de Trento en 1547: "Si alguien dijere que los sacramentos de la Nueva Ley no han sido todos instituidos por nuestro Señor Jesucristo o que son más o menos de siete, esto es, Bautismo, Confirmación, Eucaristía, Penitencia, Extrema Unción, Orden y Matrimonio, o también dijere que alguno de estos siete no es verdadera y propiamente un sacramento, sea anatema" (De los sacramentos en general, canon 1). Ciertamente, el protestantismo negó esta verdad, pero ya cuatro siglos antes de producirse la llamada "Reforma" protestante, en la Iglesia Católica existía un consentimiento firme y universal entre los teólogos y los canonistas acerca del número de los siete sacramentos y entendían que era una verdad revelada. Más aún, también la Iglesia Ortodoxa Griega venía afirmando el número de siete y lo hicieron asimismo con claridad desde el siglo XIII algunas herejías antiguas, como los monofisitas y los nestorianos.

Elementos

El rito sensible de todos los sacramentos de la Nueva Ley (la instaurada por Cristo) consta de dos elementos: por un lado, elementos materiales o cosas sensibles, y, por otra parte, palabras. En una aplicación de la teoría "hilemórfica" de Aristóteles (la teoría metafísica que distingue entre materia y forma), aplicación ciertamente correcta y adecuada, además de ser ya tradicional desde la Edad Media, los elementos materiales o cosas reciben la designación de "materia" y las palabras el de "forma". San Agustín explicaba que "se une la palabra al elemento y se hace así el sacramento". Según enseña el *Catecismo Romano* elaborado bajo el papa San Pío V a raíz del Concilio de Trento, "fue necesario añadir las palabras a la materia, para que resultase más comprensible y claro el significado de lo que se hacía" (p. II, cap. 1, n. 16).

De acuerdo con el mismo *Catecismo Romano*, la institución de los sacramentos como signos sensibles se explica porque resultan convenientes a la debilidad del entendimiento humano, cuyo conocimiento ha de partir de las cosas sensibles; también porque nuestra alma no se inclina fácilmente a creer las cosas que se nos prometen, pero con estos signos visibles puede percibir que Dios será fiel a sus promesas; y aún señala algunos motivos más (p. II, cap. 1, n. 14).

Y así, conforme a lo que acabamos de decir y siguiendo al Concilio Vaticano II, el *Catecismo de la Iglesia Católica* (n. 1123, citando *Sacrosanctum Concilium* 59) recuerda que "los sacramentos están ordenados a la santificación de los hombres, a la edificación del Cuerpo de Cristo y, en definitiva, a dar culto a Dios, pero, como signos, también tienen un fin instructivo. No sólo suponen la fe, también la fortalecen, la alimentan y la expresan con palabras y acciones; por eso se llaman *sacramentos de la fe*".

Signos eficaces de la gracia

Al definir los sacramentos, hemos afirmado que son "signos eficaces de la gracia": eficaces porque transmiten la gracia que significan. Según lo expresó León XIII: "Todos saben que los sacramentos de la Nueva Ley, como signos que son sensibles y que producen la gracia invisible, deben lo mismo significar la gracia que producen, que producir la que significan" (carta *Apostolicae curae*, año 1896). Bien lo resume todo el *Compendio del Catecismo de la Iglesia Católica* cuando dice: "Los sacramentos son eficaces *ex opere operato* (por el hecho mismo de que la acción sacramental se realiza), porque es Cristo quien actúa en ellos y quien da la gracia que significan, independientemente de la santidad personal del ministro" (n. 229, síntesis de los nn. 1127-1128 y 1131 del *CEC*). El término *ex opere operato*, ya prácticamente asumido por unanimidad entre los teólogos en el siglo XII y recogido por el Concilio de Trento, refiere, pues, que la gracia se confiere en virtud del mismo signo sacramental, y no en virtud del sujeto que lo recibe o del que lo administra (caso en el que se emplea la fórmula *ex opere operantis*).

Ahora bien, junto con este principio general, también afirma la fe católica que los frutos de los sacramentos dependen de las disposiciones del que los recibe. Pero siempre, desde luego, son necesarios para la salvación, ya que "otorgan la gracia sacramental, el perdón de los pecados, la adopción como hijos de Dios, la configuración con Cristo Señor y la pertenencia a la Iglesia. El Espíritu Santo cura y transforma a quienes los reciben" (*Compendio del CEC*, n. 230). La gracia sacramental es la gracia del Espíritu Santo, dada por Cristo y propia de cada sacramento para cumplir las obligaciones que de éste se derivan.

Rango y clasificación

Aunque todos los sacramentos contienen dentro de sí virtud divina y admirable, no todos poseen el mismo rango, según lo enseña bien el *Catecismo Romano* tridentino: los más necesarios son el Bautismo, la Penitencia y el Orden, aunque por distintas razones; sin embargo, el más excelente es la Eucaristía (parte II, cap. 1, n. 22). Y éste tiene tal dignidad "porque encierra, no sólo la gracia, sino a Jesucristo, autor de la gracia y de los sacramentos" (*Catecismo Mayor* de San Pío X, parte IV, cap. 1, n. 30).

Además, hay tres sacramentos que imprimen carácter en el alma, esto es, un sello espiritual indeleble, que no se borra jamás, por lo cual sólo se pueden recibir una vez en la vida: Bautismo, Confirmación y Orden. Con expresiones bien hermosas, el *Catecismo Mayor* de San Pío X afirma que tal sello nos marca así: "en el Bautismo, como miembros de Jesucristo; en la Confirmación, como sus soldados; en el Orden sagrado, como sus ministros" (p. IV, cap. 1, n. 34). El carácter implica una configuración con Cristo y con la Iglesia, realizada por el Espíritu Santo, y permanece para siempre en el cristiano como disposición positiva para la gracia, como promesa y garantía de la protección divina y como vocación al culto divino y al servicio de la Iglesia (*CEC*, n. 1121).

A lo largo de la historia de la Teología se han ofrecido algunas divisiones o, mejor, clasificaciones de los sacramentos según ciertas consideraciones. Valga resaltar dos: por un lado, la recogida en el *Catecismo Mayor* de San Pío X, que habla de "sacramentos de muertos" (Bautismo y la Penitencia, porque devuelven la vida de la gracia a las almas muertas por el pecado) y "de vivos" (los otros cinco, que aumentan la gracia en quien la posee ya); además, y así lo recoge el *CEC*, se habla de "sacramentos de la iniciación cristiana" (Bautismo, Confirmación y Eucaristía), "de curación" (Penitencia o Reconciliación y Unción de Enfermos) y "al servicio de la Comunidad cristiana (Orden y Matrimonio).

Ministro

Hay que referirse finalmente al ministro del sacramento, que es la persona que lo administra. Aunque Dios es el autor y dispensador de los sacramentos, dispuso que sean administrados en su Iglesia por hombres, de tal modo que el ministro es tan necesario a ellos como la materia y la forma (*Catecismo Romano*, p. II, cap. 1, n. 24). Por lo tanto, de forma ordinaria, sólo el hombre en estado viador (es decir, durante su vida terrena) es el ministro de los sacramentos. Lo cual no impide que, si por una comisión especialísima de Dios, un sacramento fuera administrado por un ángel o por un sacerdote que ya goza de la dicha celestial, tal sacramento sea válido; así lo dijo Santo Tomás de Aquino (*Suma Teológica* III, q. 64, a. 7) y sabemos que sucedió, por ejemplo, con los pastorcitos videntes de Fátima, cuando un ángel les dio la sagrada Comunión. Pero, de ordinario, el ministro es un hombre en estado viador.

Sin embargo, no todo hombre, aunque esté bautizado, es ministro ordinario o extraordinario de cualquier sacramento, sino sólo aquel que tenga potestad ministerial para hacerlo. A este respecto, cuando hablemos de la Eucaristía y del Orden, convendrá aclarar bien las cosas, porque la doctrina del sacerdocio común de los fieles, bien expuesta por el Magisterio de la Iglesia Católica, con frecuencia se ha entendido y se ha enseñado mal en tiempos recientes y se han producido graves confusiones que han acercado las opiniones de muchos católicos a las sostenidas desde hace siglos por diversos grupos protestantes. El sacerdocio ministerial es distinto del común de los fieles no sólo en grado, sino también esencialmente, y se recibe de manera exclusiva en virtud del sacramento del Orden.

Con respecto a los sacramentos, se pueden distinguir dos clases de potestad ministerial: una en sentido riguroso, conferida en la sagrada ordenación (Orden) y que es absolutamente necesaria para la confección y administración válida de los sacramentos de la Confirmación, Penitencia, Eucaristía, Unción y Orden; y otra en sentido lato, pues por voluntad de Cristo todos los hombres y mujeres tienen potestad para administrar el Bautismo y todos los bautizados la tienen para el Matrimonio. Desde luego, dado que los sacramentos son bienes confiados por Cristo a su verdadera Iglesia, sólo ésta posee el derecho propio y exclusivo de constituir ministros y de permitir o prohibir el uso de tal potestad ministerial (a veces, el ejercicio de ésta puede ser válido sacramentalmente, pero ilícito por no contar con la aprobación de la autoridad competente).

En los ministros se requiere intención de hacer lo que hace la Iglesia en el sacramento. Así como la intención es fundamental para la validez del sacramento, no lo es en cambio, según se ha dicho ya, la santidad ni incluso la fe del ministro, aunque es cierto que la ausencia de éstas, sobre todo de la segunda, puede conllevar la falta de intención. El ministro, desde luego, debe procurar hallarse en gracia y esforzarse por una vida de santidad; comete personalmente un grave pecado si administra un sacramento en estado de pecado, pero no por ello el sacramento en sí pierde su validez ni deja de beneficiar a quienes lo reciben. Esto es algo que la Iglesia dejó claro ya desde muy pronto, contra las opiniones defendidas por algunos herejes como los donatistas en los siglos IV y V y los valdenses en el XIII.

En los puntos siguientes iremos viendo uno por uno los siete sacramentos de la Iglesia, que son fuente de vida para los hijos de ésta.

EL BAUTISMO

Nombre e institución

El Bautismo, como es sabido, es el primero de los siete sacramentos de la Iglesia. Su nombre viene del verbo griego *baptizein*, que significa "sumergir", pues la "inmersión" en el agua simboliza el acto de sepultar al catecúmeno en la muerte de Cristo, de donde sale por la resurrección con Él como nueva criatura, según las enseñanzas de San Pablo (Rom 6,3-4; Col 2,12; 2Cor 5,17; Gal 6,15; *Catecismo de la Iglesia Católica*, n. 1214). De acuerdo con la Sagrada Escritura y con textos cristianos antiguos, también se le denomina "baño de regeneración y de renovación del Espíritu Santo" e "iluminación". De hecho, nuestro Señor Jesucristo ha advertido que "quien no renazca del agua y del Espíritu Santo no puede entrar en el reino de Dios" (Jn 3,5), y que "el que creyere y fuere bautizado se salvará" (Mc 16,16). Por lo tanto, en sentido propio, el Bautismo es necesario para la salvación eterna.

Aunque ya existen figuras de este sacramento en el Antiguo Testamento (el agua como fuente de vida y de muerte, el arca de Noé, el paso del mar Rojo para salir de la esclavitud de Egipto, el paso del Jordán para entrar en la tierra prometida), ha sido propiamente instituido con valor auténticamente sacramental por Jesucristo. Él recibió en el Jordán el bautismo de San Juan Bautista, pero el bautismo de éste todavía no traía la fuerza y "el fuego" del Espíritu Santo. En cambio, el bautismo instituido por Jesucristo transmite la gracia divina, gracias al Espíritu Santo, porque es Jesucristo quien con su obra redentora nos ha devuelto la vida de la gracia, que Dios Padre nos otorga por medio del Espíritu Santo. Ya en el Bautismo del Salvador en el Jordán, apareció el Espíritu Santo en forma de paloma y se escuchó la voz del Padre. El mandato de bautizar lo expresó bien claramente cuando ordenó a los Apóstoles: "Enseñad a todas las gentes, bautizándolas en el nombre del Padre y del Hijo y del Espíritu Santo" (Mt 28,19).

Efectos

El sacramento del Bautismo, por lo tanto, tiene los siguientes efectos: confiere la gracia santificante, por la que se perdona el pecado original y también todos los pecados actuales si los hay, y remite la pena debida por ellos; imprime el carácter de cristianos, de tal modo que el bautizado queda marcado para siempre con el sello indeleble de Cristo (por eso este sacramento no se puede recibir más de una vez); nos hace hijos de Dios y nos introduce así en la vida divina de la Santísima Trinidad, mediante la gracia santificante, y con ello nos hace asimismo miembros de la Iglesia y herederos de la gloria eterna; y nos habilita para recibir los demás sacramentos (*Catecismo Mayor de San Pío X*, "Del Bautismo", n. 2; *Catecismo de la Iglesia Católica*, nn. 1262-1274 y 1279-1280).

Elementos

Este sacramento consta de dos elementos: el agua natural como materia y las palabras "Yo te bautizo en el nombre del Padre y del Hijo y del Espíritu Santo" como forma; ambos elementos son estrictamente necesarios para la validez de su administración. La manera de administrarlo puede ser por infusión (derramando agua sobre la cabeza, que es como tradicionalmente se ha hecho en la Iglesia latina) o por inmersión (sumergiendo el cuerpo por completo, tradición que se ha venido conservando entre los cristianos orientales y que recientemente ha sido retomada también en la liturgia latina). Además, por los Hechos de los Apóstoles (Hch 2,41) sabemos que en alguna ocasión se administró por aspersión en los primeros tiempos para grandes multitudes, pero debió de ser de forma excepcional.

Ministro, sujeto y padrinos

El ministro ordinario del Bautismo es el obispo y el sacerdote, y en la Iglesia latina también puede serlo el diácono. No obstante, en caso de necesidad porque haya peligro de muerte, cualquier cristiano (hombre o mujer) puede administrarlo, e incluso cualquier otra persona (igualmente hombre o mujer), aunque no esté bautizada y no sea católica, con tal que cumpla el rito del Bautismo y tenga intención de hacer lo que hace la Iglesia (*Catecismo de la Iglesia Católica*, n. 1256). La Iglesia ha enseñado esto siempre (por ejemplo, *Catecismo Romano* publicado a raíz del Concilio de Trento, 2ª parte, cap. II, nn. 23-25; *Catecismo Mayor de San Pío X*, "Del Bautismo", nn. 5-7), atendiendo a la voluntad salvífica universal de Dios (Dios quiere que todos los hombres se salven) y a la necesidad del Bautismo para la salvación eterna.

El sujeto del Bautismo, esto es, quien lo puede recibir, es toda persona todavía no bautizada; según lo expresa el *Código de Derecho Canónico* (can. 864): "es capaz de recibir el Bautismo todo ser humano, aún no bautizado, y sólo él". La persona ya bautizada no puede recibirlo de nuevo, porque es un sacramento que imprime carácter de forma indeleble, imborrable, para siempre.

Cuando se trata de *adultos* aún no bautizados, la Iglesia procede a un período de instrucción en la fe y de preparación a la recepción del Bautismo, de la Confirmación y de la Eucaristía: es el catecumenado de adultos. Y lo hace así porque estas personas, en caso de que les llegara la muerte antes de haberles sido administrado el sacramento, se pueden salvar con el deseo de recibirlo y de vivir y morir como cristianos, con un acto de perfecto amor de Dios o de contrición: es el llamado *bautismo de deseo*, que puede suplir el bautismo de agua. Además, también la muerte violenta por martirio puede suplir el bautismo de agua: este caso es el llamado *bautismo de sangre*, en que una persona aún no bautizada muere como mártir, confesando ya su fe en Jesucristo y en la fe de la Iglesia. Tanto el bautismo de deseo como el bautismo de sangre abren la puerta de la salvación eterna, igual que el bautismo de agua.

Para no alargarnos en exceso, no trataremos del aspecto litúrgico del sacramento.

Al bautizado se le debe poner el nombre de un santo de la Iglesia (o incluso nombres referidos a Nuestro Señor, como “Manuel”, “Jesús”... o de una advocación de la Santísima Virgen), porque, como bien resumía el *Catecismo Mayor de San Pío X*, se le coloca así “bajo la protección de un celestial patrono y para que se aliente a la imitación de sus ejemplos” (“Del Bautismo”, n. 21). Por eso mismo es lamentable que hoy con frecuencia se busquen para los niños nombres del todo ajenos a la tradición cristiana, muchas veces tomados de películas, y ello es un signo evidente del proceso de paganización de nuestra sociedad.

Gran importancia y responsabilidad tienen, desde luego, los *padrinos* de Bautismo, encargados de procurar el crecimiento espiritual de sus ahijados y de que se mantengan fieles a la verdad católica, puesto que, especialmente en el caso del Bautismo de niños, han respondido por ellos ante Dios y ante la Iglesia.

Hemos dicho que un adulto aún no bautizado con el bautismo ritual del agua puede morir, sin embargo, con perfecto bautismo de deseo, el cual suple a aquél si esa circunstancia se da.

Bautismo de niños

Por eso mismo, se comprende que la Iglesia haya venido realizando desde muy antiguo y tradicionalmente el bautismo de niños. Al menos, la práctica del bautismo de infantes está atestiguada de manera explícita desde el siglo II, pero parece claro que ya se hizo desde el comienzo mismo de la predicación apostólica, cuando familias enteras (por lo tanto, se entiende que incluyendo los niños) recibieron este sacramento (Hch 16,15.33; 18,8; 1Cor 1,16).

Es lógico que la Iglesia haya recomendado siempre que el Bautismo se administre cuanto antes: un niño, antes del uso de razón, no puede propiamente suplir el bautismo ritual de agua con el bautismo de deseo, pues todavía no ha desarrollado bien su entendimiento y su voluntad en el grado necesario. Hoy es necesario insistir mucho en esto, pues tanto por ignorancia religiosa creciente en nuestra sociedad, como (todo hay que decirlo) por confusión y comodidad entre algunos eclesiásticos, se tiende a dilatar cada vez más la administración del Bautismo en los niños. En ocasiones, este retraso se hace porque se olvida el valor del sacramento y se busca más la fiesta social; en otras, porque una mal entendida pastoral del sentido comunitario y parroquial de la celebración del Bautismo hace más cómodo para los párrocos reducir el número de ceremonias. Los fieles han de tomar conciencia del inmenso valor del Bautismo e insistir a sus párrocos en la necesidad de no retrasar los bautizos, y viceversa.

Aun cuando sea cierto que la existencia del limbo de los niños no es un dogma de fe, sino materia opinable, y que es posible que la misericordia divina disponga de medios extraordinarios para otorgar la salvación eterna a los niños muertos sin bautismo, no es menos cierta otra cosa: retrasar el Bautismo para los niños es retrasarles la vida de la gracia, y la vida de la gracia no es otra cosa que participar de la misma naturaleza y vida divinas. Vivir la vida de la gracia es entrar en la vida de amor existente en el seno de la Santísima Trinidad; y la misma Santísima Trinidad habita en el alma del justo, según doctrina de la Iglesia (inhabitación trinitaria en el alma). ¿Nos damos cuenta de qué privilegio, de qué infinito don estamos privando a los niños al retrasar su bautizo? Cuanto antes se les bautice (en el menor número de días posible), mucho mejor para los niños.

El *Catecismo Romano* elaborado tras el Concilio de Trento afirma rotundamente que los niños reciben gracia espiritual en el Bautismo: son presentados para recibir el sacramento por todos los que quieren presentarlos (los padres, si son fieles, y toda la Iglesia universal), "y por virtud de su caridad son incorporados a la comunión del Espíritu Santo" (2ª parte, cap. II, n. 33). Y el *Catecismo de la Iglesia Católica* (*CEC*) insiste en la necesidad del bautismo de los niños, atendiendo a la "apremiante" "llamada de la Iglesia a no impedir que los niños pequeños vengan a Cristo por el don del santo Bautismo", pues Él mismo dijo: "Dejad que los niños se acerquen a mí, no se lo impidáis" (Mc 10,14; *CEC*, n. 1261; en general, podemos recomendar *CEC*, nn. 1250-1252, 1261 y 1282-1283).

En fin, es absurdo el argumento de tipo liberal que sostiene que hay que esperar a que los niños crezcan y puedan decidir por sí mismos si quieren abrazar la fe y ser bautizados o no. A tal planteamiento, cabe responder diciendo que no se espera a que los niños sean mayores para ver si quieren recibir alimento, porque se morirían; y lo mismo que es obligación buscar su bien material, lo es el facilitarles su bien espiritual.

LA CONFIRMACIÓN

Definición

Con frecuencia, las definiciones dadas en los catecismos antiguos, bien amoldadas al magisterio tradicional de la Iglesia, eran mucho más claras, acertadas y seguras que las complicaciones y oscuridades con que hoy lamentablemente se confunde a no pocos niños, jóvenes y adultos en bastantes homilías, catequesis y libros y clases de religión. Por eso, y tal vez también por la reciedumbre que conlleva (bien distinta del estilo débil de nuestros tiempos), a mí me encanta la definición que del sacramento de la Confirmación recogen varios de esos catecismos: "El sacramento por el que se nos concede el Espíritu Santo y nos hace apóstoles y soldados de Jesucristo". O como afirmaba el *Catecismo Mayor* de San Pío X: "El Santo Crisma o Confirmación es un sacramento que nos da el Espíritu Santo, imprime en nuestra alma el carácter de soldados de Jesucristo, y nos hace perfectos cristianos" ("Del Crisma o Confirmación", n. 1). En verdad, pues, nos hace "testigos de Cristo".

Como bien explica también el *Compendio del Catecismo de la Iglesia Católica*, el nombre de "Confirmación" se debe a que confirma y refuerza la gracia bautismal, y el de "Crismación" a que la unción con el Santo Crisma es un rito esencial de este sacramento (n. 266).

Efectos

El gran protagonista de la Confirmación es *el Espíritu Santo*, y así dice Santo Tomás de Aquino que "el efecto de este Sacramento consiste en otorgar el Espíritu Santo, igual que fue dado a los Apóstoles el día de Pentecostés, para que vigorice al cristiano, es decir, para que éste confiese con valentía el nombre de Cristo" (*Sobre los artículos de la fe y los Sacramentos de la Iglesia*, De la Confirmación). Por eso, pues, se dice que nos hace "soldados y apóstoles de Cristo", como antes hemos visto: porque imprime valor para confesar su nombre y para ser evangelizadores en el medio o entorno propio de cada uno. Hoy parece que bastantes huyen de expresiones de tipo castrense en los temas religiosos, pero con esa actitud simplemente ignoran el sentido espiritual de las mismas y la antiquísima tradición en su uso, además de optar por un posicionamiento acorde con la tendencia débil y pusilánime de la sociedad actual. Ya San Pablo utilizaba expresiones referentes al combate espiritual, y lo mismo después Tertuliano y numerosos Padres de la Iglesia; y toda la Tradición monástica ha entendido la vocación del monje como una "milicia" al servicio de Cristo. Por otra parte, rehuir el término "apóstol" sin duda refleja el relativismo imperante en nuestro tiempo.

El sacramento de la Confirmación nos hace perfectos cristianos porque nos confirma en la fe y perfecciona las otras virtudes y dones que hemos recibido en el Bautismo. Se produce una especial efusión del Espíritu Santo, como sucedió en Pentecostés sobre los Apóstoles, que imprime en el alma un carácter indeleble (de ahí que sólo se puede recibir una vez), otorga un crecimiento en la gracia bautismal, arraiga más profundamente la filiación divina, une más fuertemente con Cristo y con su Iglesia, fortalece en el alma los dones del Espíritu Santo y concede una fuerza especial para dar testimonio de la fe cristiana (*Catecismo Mayor* de San Pío X, "Del Crisma o Confirmación", n. 2; *Compendio del CEC*, n. 268; *CEC*, nn. 1302-1305).

Institución

El sacramento de la Confirmación es verdaderamente un sacramento de la Nueva Ley, instituido por Jesucristo: esta verdad se afirmaba así en la Iglesia por consentimiento unánime cuatro siglos antes de que los protestantes vinieran a negarlo; y frente a éstos, el Concilio de Trento lo definió solemnemente.

En la Antigua Alianza, los Profetas anunciaron que el Espíritu del Señor reposaría sobre el Mesías, como efectivamente sucedió en el Bautismo de Jesús, cuya vida y obra terrena transcurrió en una comunión total con el Espíritu Santo. Pero además, la plenitud del Espíritu Santo, conforme también a lo predicho por los Profetas, debía ser comunicada al pueblo mesiánico: la efusión del Espíritu Santo prometida por Cristo tuvo lugar en el día de Pascua y de manera más manifiesta en Pentecostés. En el Nuevo Testamento se dice además que los Apóstoles imponían las manos para que descendiera el Espíritu Santo y completara la gracia del Bautismo (Hch 8,15-17; 19,5-6).

Rito, materia y forma

El rito esencial de la Confirmación es la unción con el Santo Crisma, realizado con la imposición de manos por parte del ministro, quien pronuncia las palabras sacramentales propias.

La materia remota, pues, es el Santo Crisma: aceite de oliva mezclado con bálsamo y consagrado por el obispo el Jueves Santo; y la materia próxima es la imposición de las manos. La unción va realmente unida al nombre de cristiano, porque Cristo significa "Ungido", y era un signo de gran relieve ya en el Antiguo Testamento.

La forma del sacramento son las palabras: "Recibe por esta señal el don del Espíritu Santo"; en el Oriente cristiano es la fórmula: "Sello del don del Espíritu Santo". En Occidente se venía empleando por una venerable tradición, al menos desde el siglo XII, la fórmula: "Yo te signo con la señal de la Cruz y te confirmo con el Crisma de salud [salvación] en el nombre del Padre y del Hijo y del Espíritu

Santo"; pero el papa Pablo VI, por la constitución apostólica *Divinae consortium naturae* de 15 de agosto de 1971, dispuso que en la Iglesia latina se hiciera en adelante con las palabras: "Recibe por esta señal el don del Espíritu Santo". No obstante, y más aún después de la publicación y entrada en vigor del "motu proprio" *Summorum Pontificum* de Benedicto XVI del pasado 7 de julio de 2007, sigue siendo perfectamente legítimo y válido celebrar el sacramento de la Confirmación usando el *Pontifical Romano* anterior (Art. 9º, 2).

Ministro, sujeto y padrino

El ministro ordinario y originario de la Confirmación es el obispo: así se manifiesta el vínculo del confirmado con la Iglesia en su dimensión apostólica. Pero el obispo puede conceder a un presbítero, por razones especiales, el poder administrarlo, y en peligro de muerte cualquier sacerdote debe hacerlo.

El sujeto es todo bautizado que no ha sido confirmado, que libremente tenga las disposiciones necesarias para recibirlo, que esté en gracia de Dios y que no tenga impedimentos. El padrino o la madrina está obligado a ayudar al confirmado en su crecimiento espiritual y en el camino de la salvación; conviene por lo general que sea el mismo del Bautismo, aunque no es estrictamente necesario.

LA EUCARISTÍA:
FUENTE Y CUMBRE DE LA VIDA CRISTIANA

Excelencia de la Eucaristía

El Concilio Vaticano II ha definido la Eucaristía como "fuente y cumbre de toda la vida cristiana" (*Lumen gentium*, 11), porque ella "contiene todo el bien espiritual de la Iglesia, a saber, Cristo mismo, nuestra Pascua y Pan vivo por su carne, que da la vida a los hombres, vivificada y vivificante por el Espíritu Santo" (*Presbyterorum ordinis*, 5). Por eso ya venía a explicar San Ireneo de Lyon en el siglo II que es el compendio y la suma de nuestra fe. No en balde es "el misterio de la fe" (*mysterium fidei*), como dice el sacerdote en la celebración de la Santa Misa.

Según ha recordado Benedicto XVI en su exhortación apostólica postsinodal *Sacramentum caritatis*, recogiendo la denominación ofrecida por Santo Tomás de Aquino: "Sacramento de la caridad, la Santísima Eucaristía es el don que Jesucristo hace de sí mismo, revelándonos el amor infinito de Dios por cada hombre". Otro magnífico documento reciente del Magisterio eclesiástico es sin duda la encíclica *Ecclesia de Eucharistia* que San Juan Pablo II nos regaló no mucho antes de su muerte, en la cual insistía en la estrechísima relación entre sacramento y sacrificio en la Eucaristía y señalaba tres dimensiones de ella: sacramento-sacrificio, sacramento-presencia y sacramento-comunión.

Por lo tanto, nos hallamos ante el más excelso de los siete sacramentos, según lo enseñan el *Catecismo Romano* publicado tras el Concilio de Trento y el *Catecismo Mayor* de San Pío X, porque contiene a Jesucristo mismo, autor de la gracia y de los sacramentos. Por eso le dedicaremos mayor extensión.

Definición

Queremos recoger dos definiciones llenas de contenido que aparecen ofrecidas en sendos catecismos de gran relieve. Por una parte, en el reciente *Compendio del Catecismo de la Iglesia Católica* promulgado por Benedicto XVI y elaborado previamente bajo su dirección cuando era cardenal y por mandato de Juan Pablo II, se resume maravillosamente la doctrina sobre este sacramento con las siguientes palabras: "La Eucaristía es el sacrificio mismo del Cuerpo y de la Sangre del Señor Jesús, que Él instituyó para perpetuar en los siglos, hasta su segunda venida, el sacrificio de la Cruz, confiando así a la Iglesia el memorial de su Muerte y Resurrección. Es signo de unidad, vinculo de caridad y banquete pascual en el que se recibe a Cristo, el alma se llena de gracia y se nos da una prenda de la vida eterna" (nº 271).

Por su parte, el precioso *Catecismo Mayor* de San Pío X afirma: "La Eucaristía es un sacramento en el cual, por la admirable conversión de toda la sustancia del pan en el Cuerpo de Jesucristo y de toda la sustancia del vino en su preciosa Sangre, se contiene verdadera, real y sustancialmente el Cuerpo, la Sangre, el Alma y la Divinidad del mismo Jesucristo Señor nuestro, bajo las especies del pan y del vino, para nuestro mantenimiento espiritual".

En conclusión y como en otros artículos posteriores insistiremos, hay que afirmar con rotundidad la presencia real de nuestro Señor Jesucristo en la Eucaristía, motivo por el que este sacramento debe ser tratado y recibido con la mayor reverencia. Su celebración, su culto y su recepción deben ser cuidados con el máximo respeto y devoción, porque es el regalo más sublime que Jesús nos ha dejado: Él mismo.

Institución

Como todos los sacramentos, la Eucaristía ha sido instituida por Jesucristo. Fue anunciada y prefigurada en el Antiguo Testamento por el sacrificio de Isaac, el maná con que el Señor alimentó a los israelitas en el desierto, los diversos sacrificios de la Ley de Moisés, el cordero pascual y especialmente el sacrificio de Melquisedec (Gén 14,18; Heb 6,20-7,19); todo esto lo recuerda Santo Tomás de Aquino en su bella y devota secuencia *Lauda Sion*. En concreto, el sacrificio de Melquisedec es figura clara que profetiza a Cristo Rey y Sumo Sacerdote ofreciendo el supremo Sacrificio de sí mismo al Padre, tal como lo ha explicitado la Carta a los Hebreos: Melquisedec, rey y sacerdote de Salem, sacerdote del Dios Altísimo, ofreció pan y vino y bendijo a Abraham; y Jesucristo es Sacerdote eterno según el orden de Melquisedec (Sal 109,4).

En el propio Evangelio se encuentran anticipos y anuncios de la Eucaristía, como las multiplicaciones de los panes y los peces y el discurso o sermón del Pan de vida (Jn 6,25-59), el cual es fundamental en la doctrina eucarística. Pero el momento en el que Nuestro Señor Jesucristo instituyó la Eucaristía fue el Jueves Santo, en la Última Cena en el Cenáculo con sus Apóstoles, según lo narran los tres evangelios sinópticos (Mt 26,26-29; Mc 14,22-25; Lc 22, 19-20) y San Pablo, por tradición transmitida a él, en la primera Carta a los Corintios (1Cor 11,23-26). Jesús tomó el pan, lo partió y se lo dio a sus discípulos diciendo: "Tomad y comed todos de él, porque esto es mi Cuerpo, que será entregado por vosotros". Después tomó el cáliz con el vino y dijo: "Tomad y bebed todos de él, porque éste es el cáliz de mi Sangre, Sangre de la Alianza nueva y eterna que será derramada por vosotros y por muchos (*pro multis*) para el perdón de los pecados. Haced esto en conmemoración mía".

La Eucaristía es, en efecto, el Sacrificio de la Nueva Alianza; es el mismo Sacrificio redentor de Cristo en la Cruz. Cristo instituyó este sacramento con el fin de ser el Sacrificio de la Nueva Ley, así como para que fuera el manjar o alimento divino de nuestras almas y como memorial perpetuo de su Pasión y Muerte y una prenda preciosa de su amor a nosotros y de la vida eterna.

Memorial

Según se acaba de decir, la Eucaristía es el memorial y el sacrificio de la Nueva Alianza establecida por Jesucristo. Sobre su carácter sacrificial hablaremos después, pero pensamos que conviene ahora aclarar qué se entiende por "memorial", pues en torno a este concepto se han producido muchas confusiones en tiempos recientes, interpretándolo como una simple acción simbólica de recuerdo, de memoria de algo que Cristo hizo en la Última Cena, pero sin mayores consecuencias.

Sin embargo, como afirma el *Catecismo de la Iglesia Católica* (nn. 1362 y ss.), "la Eucaristía es el memorial de la Pascua de Cristo, la actualización y la ofrenda sacramental de su único sacrificio", y esto se tiene presente en la parte de la plegaria eucarística que se denomina *anámnesis*. "Cuando la Iglesia celebra la Eucaristía, hace memoria de la Pascua de Cristo y ésta misma se hace presente: el sacrificio que Cristo ofreció de una vez para siempre en la Cruz, permanece siempre actual".

Dimensión sacrificial

Es cierto que la Eucaristía tiene una dimensión de banquete, en cuanto que se participa de la comunión del Cuerpo y la Sangre de Cristo, que es para los cristianos verdadero manjar y verdadera bebida, y así lo comentaron con gran expresividad muchas veces los Padres de la Iglesia. Pero esto, que ha sido puesto muy de relieve por algunos sacerdotes y grupos religiosos después del Vaticano II, no debe hacer olvidar que el propio Concilio dejó claro otro aspecto fundamental y sin el cual no se puede llegar al banquete: la Misa es un auténtico sacrificio, la actualización o renovación incruenta del mismo Sacrificio de Cristo en la Cruz.

Por eso, frente a algunas desviaciones de una "teología del banquete" que entendía y entiende la Misa simplemente como una reunión amistosa y festiva de los que se sienten discípulos de Jesús y recuerdan lo que Él hizo, ya el papa Beato Pablo VI expresó con claridad en el *Credo del Pueblo de Dios* (n. 24): "Nosotros creemos que la Misa que es celebrada por el sacerdote representando la persona de Cristo, en virtud de la potestad recibida por el sacramento del Orden, y que es ofrecida por él en nombre de Cristo y de los miembros de su Cuerpo Místico, es realmente el sacrificio del Calvario, que se hace sacramentalmente presente en nuestros altares".

Sacrificio de Cristo y de la Iglesia

La Santa Misa es, en efecto el sacrificio de Cristo: como dice el Concilio de Trento, Él mismo, "que se ofreció a sí mismo una vez de manera cruenta sobre el altar de la Cruz, es contenido e inmolado [en el sacrificio de la Misa] de manera no cruenta". Y es también el sacrificio de toda la Iglesia, en cuanto ella, Cuerpo Místico de Cristo, participa con su Cabeza, Cristo, en su ofrenda al Padre, y con Cristo se ofrece ella totalmente (*Catecismo de la Iglesia Católica*, n. 1368). Los fieles han de vivir intensamente esta realidad, uniéndose en la Misa (con sus vidas, alegrías, sufrimientos…) a Cristo y a toda la Iglesia en el sacrificio al Padre; éste es el verdadero sentido de la participación de los fieles en la Misa, infinitamente más profundo y fructuoso para sus almas que deseando tener un cierto protagonismo en la proclamación de las lecturas, en las preces, en la presentación de las ofrendas, etc.

La divinidad merece que el hombre, en su pequeñez, le ofrezca lo mejor que tiene: tal es el sentido del sacrificio en el culto religioso y por eso en todas las religiones existen los sacrificios. Pero Jesucristo ha dejado a la Iglesia la posibilidad de ofrecer el más excelso de los sacrificios: el sacrificio en que Él, que es Dios hecho Hombre, se ofrece como Víctima y Él mismo es el Sacerdote (se ofrece por el ministerio de los sacerdotes). El sacrificio de la Misa es el supremo sacrificio de Cristo en la Cruz; y Él nos invita a asociarnos en su ofrenda al Padre por medio del Espíritu Santo.

Fines de la Santa Misa

Hoy con frecuencia se olvida la dimensión sacrificial de la Santa Misa o, si acaso y por influencia protestante, se reduce al aspecto eucarístico (sacrificio de acción de gracias) y latréutico (sacrificio de alabanza). Pero el Santo Sacrificio de la Misa, como sacrificio completo y perfecto, se ofrece en realidad por cuatro fines, según enseña la doctrina tradicional de la Iglesia y lo expresó con claridad el Concilio de Trento: latréutico, eucarístico, propiciatorio (para satisfacer por nuestros pecados y ofrecer sufragios por las almas del Purgatorio) e impetratorio (para alcanzar las gracias necesarias). Precisamente por tratarse del mismo sacrificio de la Cruz, la Santa Misa contiene estos fines y características.

Presencia real de Cristo

La Iglesia Católica ha afirmado siempre la presencia real de Cristo en la Eucaristía. En este Santísimo Sacramento se contiene verdadera, real y sustancialmente el Cuerpo y la Sangre, juntamente con el Alma y la Divinidad, de Nuestro Señor Jesucristo y, por lo tanto, Cristo entero. Así lo expresa la oración enseñada por el ángel a los pastorcitos en Fátima y así lo ha sostenido siempre la Iglesia frente a las diversas herejías surgidas desde los primeros siglos hasta nuestros días. Contra algunas de ellas hizo afirmaciones muy rotundas: por ejemplo, frente a Berengario de Tours en el siglo XI (a quien combatió el teólogo benedictino Beato Lanfranco de Bec o de Canterbury), a los petrobrusianos en el XII (contra quienes luchó otro benedictino, el abad cluniacense Pedro el Venerable), a los valdenses y albigenses en el XIII, a Wiclif y Hus en el XIV, a los protestantes en el XVI, a los modernistas más recientemente…

Las afirmaciones de la Sagrada Escritura son muy claras: en la institución, Jesucristo dice explícitamente y no de manera metafórica: "esto *es mi* Cuerpo", "éste *es* el cáliz de *mi* Sangre". En el discurso del Pan de vida (Jn 6) dice: "Yo *soy* el Pan de la vida", "el Pan que baja del cielo", "el Pan que Yo daré *es mi* Carne", "quien come *mi* Carne y bebe *mi* Sangre tiene vida eterna, y Yo lo resucitaré en el último día; pues *mi* Carne *es* verdadero alimento y *mi* Sangre *es* verdadera bebida. El que come *mi* Carne y bebe *mi* Sangre permanece en Mí, y Yo en él", etc. En fin, San Pablo afirma: "El cáliz de bendición que bendecimos, ¿no *es* acaso comunión con la Sangre de Cristo? El pan que partimos, ¿no *es* acaso comunión con la Carne de Cristo?" (1Cor 10,16).

La transustanciación

En consecuencia, la Iglesia siempre ha afirmado que, en la consagración, el pan se convierte verdadera y realmente en el Cuerpo del Señor y el vino del cáliz en su Sangre. Es la fe de la Iglesia a lo largo de todos los siglos desde el principio: *mysterium fidei*, "el misterio de la fe".

Desde los tiempos medievales, la doctrina católica ha asumido el término "transustanciación" (o "transubstanciación") para explicar con precisión metafísica este cambio prodigioso, explicable sólo por la acción del Espíritu Santo sobre las especies en el momento de la consagración (por eso el sacerdote invoca la venida del Espíritu Santo sobre los dones del altar en la *epíclesis* de la plegaria eucarística y/o extiende sus manos sobre ellos, para que descienda el Espíritu Santo). En la consagración y después de ella, permanecen los accidentes del pan y del vino, pero cesa toda la sustancia del pan y del vino, que se convierten en el Cuerpo y la Sangre de Cristo. Después de la consagración, ya no hay pan y vino, sino el Cuerpo y la Sangre del Señor, aunque nuestros sentidos perciban el pan y el vino, porque permanecen los accidentes.

En los años del Concilio Vaticano II y del Posconcilio, algunos teólogos propusieron abandonar el concepto de transustanciación y emplear los términos "transignificación" o "transfinalización", pero el Beato Pablo VI mantuvo invariable la doctrina, el concepto y el término de la transustanciación y así lo expuso claramente en el *Credo del Pueblo de Dios* (n. 25).

En fin, en cada una de las especies consagradas está realmente Cristo todo entero: Cuerpo, Sangre, Alma y Divinidad. De ahí que la comunión bajo una sola de las dos especies sea verdaderamente comunión completa. Y por lo mismo, en la más mínima partícula del pan consagrado está Cristo entero, por lo cual todas las partículas deben ser recogidas y consumidas por el sacerdote o el diácono con la máxima reverencia y adoración; no en balde, algunos Padres de la Iglesia las comparaban al "polvo de oro" que con tanta delicadeza recogen los orfebres.

La Sagrada Comunión

La participación completa en la celebración de la Santa Misa culmina en el momento de la Comunión, al recibir el Cuerpo y la Sangre del Señor, alimento de vida eterna. Por supuesto, también se puede comulgar fuera de la Santa Misa, especialmente en el caso de los enfermos (Santo Viático) o por ciertas imposibilidades, pero lo óptimo en condiciones normales es que tenga lugar en la misma celebración eucarística. «La Iglesia recomienda vivamente a los fieles que reciban la sagrada Comunión cada vez que participan en la celebración de la Eucaristía; y les impone la obligación de hacerlo al menos una vez al año» (*Catecismo de la Iglesia Católica*, nº 1417).

Efectos de la Eucaristía

En su exhortación apostólica *Sacramentum caritatis* del año 2007 (nº 70), Benedicto XVI dice: «El Señor Jesús, que por nosotros se ha hecho alimento de verdad y de amor, hablando del don de su vida nos asegura que "quien coma de este pan vivirá para siempre" (Jn 6,51). Pero esta "vida eterna" se inicia en nosotros ya en este tiempo por el cambio que el don eucarístico realiza en nosotros: "El que come vivirá por mí" (Jn 6,57). [...] En efecto, comulgando el Cuerpo y la Sangre de Jesucristo se nos hace partícipes de la vida divina de un modo cada vez más adulto y consciente». El Papa recoge después una cita de las *Confesiones* de San Agustín (libro VII, cap. 16) que ya había destacado su predecesor León XIII, poniendo en boca de Jesús las siguientes palabras dirigidas al cristiano: «me comerás, sin que por eso me transforme en ti, como si fuese el alimento de tu carne, sino que tú te transformarás en mí». Y es que, por la sagrada Comunión, Cristo nos une tan íntimamente a sí que llega a transformarnos en Él, haciendo al hombre partícipe de la vida divina, de la misma vida íntima de la Santísima Trinidad. Tal es la fuerza de la gracia que opera en nosotros por este sacramento.

Los efectos y frutos de la sagrada Comunión, como bien reseña el *Compendio del Catecismo de la Iglesia Católica* (nº 292), son los siguientes: «acrecienta nuestra unión con Cristo y con su Iglesia, conserva y renueva la vida de la gracia recibida en el Bautismo y la Confirmación y nos hace crecer en el amor al prójimo. Fortaleciéndonos en la caridad, nos perdona los pecados veniales y nos preserva de los pecados mortales para el futuro». Además y precisamente por todo ello, es «prenda de la gloria futura, porque nos colma de toda gracia y bendición del cielo, nos fortalece en la peregrinación de nuestra vida terrena y nos hace desear la vida eterna [...]» (nº 294). Por lo tanto, según vemos, la Eucaristía transforma al hombre en Cristo, aumenta y deleita la vida espiritual del hombre, es antídoto de la debilidad, es prenda de la gloria futura y de la felicidad eterna y nos une no solamente a Cristo, sino a su Cuerpo Místico, que es la Iglesia, y a todos sus miembros, de tal forma que con razón puede ser considerada como el sacramento de la unidad.

Disposiciones para comulgar

Todo esto explica que no nos podamos acercar a comulgar de cualquier modo y sin adquirir conciencia del alimento sublime que vamos a recibir de la bondad de Dios. El «pan del cielo, pan de ángeles» (cf. Salmo 77, 24-25) que se nos da, merece toda nuestra reverencia y amor. Por eso, tres cosas son fundamentalmente necesarias para una buena Comunión, como señala bien claro el *Catecismo Mayor* de San Pío X: 1) estar en gracia de Dios (no encontrarse en pecado mortal, en cuyo caso es preciso confesarse antes, sin que baste la sola contrición perfecta); 2) guardar el ayuno eucarístico una hora antes, con el fin de ser más conscientes del gran don que se va a recibir; y 3) saber lo que se va a recibir (conocer y creer lo que enseña la doctrina acerca de este sacramento) y acercarse a comulgar con devoción (con humildad y modestia, tanto en la persona como en el vestido, y prepararse antes y dar gracias después, con recogimiento y considerando el sublime bien de la Eucaristía).

El culto a Jesús Sacramentado: sentido del culto eucarístico

En los años de la crisis sufrida en el seno de la Iglesia Católica después del Concilio Vaticano II, surgieron muchas voces críticas hacia toda forma de culto al Santísimo Sacramento fuera de la Santa Misa e incluso a los actos de reverencia hacia él en la propia celebración eucarística. Tristemente, durante bastante tiempo esto se ha plasmado en hechos como la pérdida frecuente de los gestos externos de adoración, un retroceso notable de la adoración eucarística y el desplazamiento del sagrario a un lugar secundario en muchas iglesias, habitualmente con la excusa de buscar un sitio más recogido (lo cual puede ser cierto en ocasiones, pero no siempre). No obstante, gracias a Dios, parece que últimamente se viene produciendo un reverdecimiento del culto eucarístico en todas sus dimensiones.

Benedicto XVI ha respondido muy recientemente a las objeciones que a partir de aquellos años difíciles se plantearon y ha recordado que "la adoración eucarística no es sino la continuación obvia de la celebración eucarística, la cual es en sí misma el acto más grande de adoración de la Iglesia. [...] La adoración fuera de la Santa Misa prolonga e intensifica lo acontecido en la misma celebración litúrgica" (*Sacramentum caritatis*, nº 66). Y muy bien explicaba ya el *Catecismo Mayor* de San Pío X los motivos por los que se guarda en las iglesias la Santísima Eucaristía ("reserva eucarística"): "para que allí sea adorada de los fieles y llevada a los enfermos cuando la necesidad lo pidiere". Como el mismo catecismo dice: "La

Eucaristía debe ser adorada de todos, porque contiene verdadera, real y sustancialmente al mismo Jesucristo Señor nuestro". Esta misma doctrina es enseñada por el *Catecismo de la Iglesia Católica* cuando afirma (nº 1418): "Puesto que Cristo mismo está presente en el Sacramento del Altar, es preciso honrarlo con culto de adoración. La visita al Santísimo Sacramento es una prueba de gratitud, un signo de amor y un deber hacia Cristo, nuestro Señor".

Formas y manifestaciones del culto eucarístico

Arrodillarse ha sido siempre una forma externa de reverencia y reconocimiento de señorío y soberanía, y especialmente una manifestación humilde de adoración hacia Dios, que es Rey y Señor, sin que ello impida nuestra intimidad amorosa con Él, sino que incluso la favorece: "al nombre de Jesús toda rodilla se doble, en el cielo, en la tierra, en el abismo, y toda lengua proclame: Jesucristo es Señor, para gloria de Dios Padre" (Flp 2,10-11). Por eso la Iglesia establece el deber de arrodillarse en el momento de la Consagración, a no ser por enfermedad o causa bien justificada. Desde mi punto de vista, creo que ha sido una lástima reducir los tiempos de estar de rodillas en la Santa Misa, pues ha contribuido a olvidar bastante el sentido de adoración. Conforme a la tradición secular, es laudable comulgar en la boca y de rodillas, algo que, según las disposiciones dadas recientemente por la Sagrada Congregación para el Culto Divino y la Disciplina de los Sacramentos, no se puede negar a ningún fiel.

Fuera de la Santa Misa, también determina la Iglesia que se haga la genuflexión (doblar la rodilla derecha hasta el suelo, si la salud lo permite; en su defecto, se pide una inclinación lo más profunda posible) ante el Santísimo reservado en el sagrario, y es recomendable la doble genuflexión (con las dos piernas) ante el Santísimo expuesto en la custodia y ante el Monumento donde se reserva desde los Oficios del Jueves Santo hasta los del Viernes Santo. La genuflexión y la postura de rodillas no deben ser tomadas como simples normas rituales sin sentido, sino como un signo manifiesto de amor y adoración, y por eso requieren ser hechas de manera delicada y atenta.

Como se ha indicado, la visita a Jesús Sacramentado en el sagrario es recomendada por la Iglesia como signo de amor a su Amor infinito, que por nosotros está presente en la Eucaristía. Y de manera muy singular, la Iglesia sigue promoviendo la denominada expresamente "adoración eucarística", es decir, la exposición de la Sagrada Hostia en la custodia para la adoración de los cristianos y la bendición siguiente. Así lo ha señalado también Benedicto XVI en *Sacramentum caritatis* (nº 67), deseando promocionar la adoración perpetua. A todo ello, además, suma la procesión tradicional en la solemnidad del *Corpus Christi*, las Cuarenta Horas, los congresos eucarísticos, etc.

La forma extraordinaria del rito romano: el "motu proprio" de Benedicto XVI

Ofrecemos las siguientes líneas como complemento de lo que hemos dedicado al Sacramento de la Eucaristía.

El 7 de julio de 2007, Benedicto XVI promulgó el motu proprio *Summorum Pontificum*, que entró en vigor el 14 de septiembre siguiente, fiesta de la Exaltación de la Santa Cruz. Con este importante documento, el Papa ha concedido amplias facilidades para que se pueda celebrar la Santa Misa conforme a la manera tradicional del rito romano o latino, es decir, la que ahora se denomina "forma extraordinaria del rito romano", considerando que la ordinaria es la del Misal Romano de Pablo VI y sus revisiones posteriores (la tercera y última de ellas es de 2002, bajo San Juan Pablo II). También facilita la celebración de otros sacramentos conforme a la manera tradicional de los mismos. Benedicto XVI ha atendido así a las numerosas peticiones de sacerdotes y fieles de todo el mundo y ha dado satisfacción a un anhelo hacia el que él se hallaba personalmente muy sensibilizado desde hacía muchos años.

El motu proprio concede gran libertad a los sacerdotes para poder utilizar el Misal de San Juan XXIII de 1962, que es la última revisión del promulgado bajo San Pío V después del Concilio de Trento. No es correcto hablar de "Misa de San Pío V" ni de "Misa tridentina", como expresaron varias veces el Papa y el liturgista alemán Klaus Gamber, hacia quien Ratzinger-Benedicto XVI tenía gran estima: San Pío V no compuso una nueva Misa, sino que sencillamente reformó algunos aspectos en la celebración del rito romano, cuyos orígenes se remontan a un tiempo inmemorial (al menos hacia el siglo III-IV) y había quedado ya bastante bien definido por el Papa San Gregorio Magno (590-604). Por eso es más correcto hablar de la forma tradicional del rito romano o latino.

Algunos medios de comunicación han dicho que con este documento se restaura la Misa en latín. En realidad, conocen mal los textos del Concilio Vaticano II y del propio Misal Romano de Pablo VI, en los que se sigue recomendando vivamente el empleo de la lengua latina, aunque se haya abierto de manera muy amplia el uso de la lengua vulgar por fines pastorales; lo que en realidad tristemente ocurre es que lo habitual ha sido terminar abandonando por completo el latín en la mayor parte de las misas. La celebración eucarística según el Misal Romano de Pablo VI puede realizarse íntegra o parcialmente en latín, más aún cuando la edición típica del mismo está elaborada en esta lengua, que es la oficial de la Iglesia.

En 2011, el motu proprio ha sido ratificado con una instrucción de la Congregación para el Culto Divino y los Sacramentos, de validez pontificia, reafirmando y dando mayor fuerza aún a lo dispuesto en aquel documento.

Hacia el Señor

La celebración de la Santa Misa conforme a la forma tradicional (la hoy extraordinaria) favorece mucho el sentido de sacralidad, de misterio, de trascendencia, de presencia de lo divino y de sacrificio. Entre otras cosas, lo logra con la orientación del altar y del sacerdote hacia el Señor (en sentido estricto, es incorrecta la expresión vulgar "Misa de espaldas"), algo que no ha sido suprimido en el Misal de Pablo VI, aunque en éste se haya promovido la orientación hacia el pueblo con miras pastorales. En la orientación hacia el Señor, que recoge la primigenia orientación hacia el Oriente (Cristo que resucita, el Sol divino que ilumina), el sacerdote y los fieles miran al Señor, porque están allí para rendirle culto, para ofrecer la Hostia que se inmola sobre el altar renovando el supremo sacrificio de la Cruz. El sacerdote celebra la Santa Misa y los fieles se unen interiormente a la oblación de Cristo al Padre que allí tiene lugar. Pero además, todos los elementos que componen la forma extraordinaria del rito romano apuntan en esa misma línea de acentuación de lo sagrado: de ahí el apogeo que está experimentando entre muchos jóvenes que descubren este tesoro de la Tradición litúrgica de la Iglesia. De acuerdo con el motu proprio, los fieles pueden solicitar a los párrocos la celebración de la Santa Misa según la forma extraordinaria del rito romano y éstos deben acoger su petición de buen grado.

El Papa, tanto en el motu proprio como en una carta adjunta al mismo y remitida a los obispos, confía en la buena acogida del documento y en la perfecta armonía de la coexistencia de las dos formas (ordinaria y extraordinaria) del rito romano en el seno de la comunión de la Iglesia Católica, incluso con la posibilidad de un enriquecimiento mutuo.

LA RECONCILIACIÓN SACRAMENTAL: EL SACRAMENTO DE LA PENITENCIA

Nombres del sacramento

El nombre más común y tradicional de este sacramento es Sacramento de la Penitencia, porque, como dice el *Catecismo Mayor* de San Pío X, "para alcanzar el perdón de los pecados es necesario detestarlos con arrepentimiento y porque quien ha cometido la culpa debe sujetarse a la pena que le impone el sacerdote". Por su parte, el *Catecismo de la Iglesia Católica* (nº 1423) explica que se denomina así "porque consagra un proceso personal y eclesial de conversión, de arrepentimiento y de reparación por parte del cristiano pecador".

Por eso recibe también los nombres de sacramento de conversión, sacramento del perdón y sacramento de la reconciliación, habiendo sido éste último muy impulsado por San Juan Pablo II para resaltar esta dimensión teológica: es el sacramento que otorga al pecador el amor de Dios que reconcilia, de tal modo que se produce la reconciliación del hombre con Dios y, en consecuencia, entre los propios hombres cuyas relaciones fraternas se habían visto dañadas por el pecado. Tradicionalmente se ha conocido asimismo como sacramento de la confesión, ya que la declaración o manifestación de los pecados, esto es, su confesión ante el sacerdote, es un elemento esencial como expresión de la confesión ante Dios.

Dos errores de partida en torno a este sacramento

En los primeros siglos del cristianismo surgieron algunas sectas heréticas de carácter rigorista, como los novacianos, que negaban la posibilidad de alcanzar el perdón por un pecado cometido después de haber recibido el bautismo. Frente a ellos, la Iglesia reafirmó la misericordia divina y resaltó el valor de la penitencia; así lo hizo de manera insistente, por ejemplo, San Ambrosio de Milán († 397), quien recuerda la frase del profeta Isaías: "Si el convertido gimiere, se salvará" (Is 30,15); y en el siglo XIII, Santo Tomás de Aquino rebatiría esa herejía antigua aduciendo también algún texto del Apocalipsis: "Date cuenta de dónde has caído; haz penitencia y torna a tus obras del principio" (Ap 2,5). San Ambrosio dice que "el Espíritu de Dios está más inclinado a la misericordia que al castigo y quiere la conversión del pecador" (*Sobre la penitencia*, I, 2); "espera nuestros gemidos, aunque temporales, para evitar los eternos; espera nuestras lágrimas, para agrandar su misericordia [...]; espera nuestra misericordia, para convertirse Él mismo al perdón que permanecerá en nosotros" (ibid., I, 5).

En nuestros días, sin embargo, se experimenta más bien una tendencia herética de signo opuesto al novacianismo: asistimos a la extensión preocupante de una conciencia laxa que ha conducido hasta la pérdida incluso de la conciencia de pecado, como en más de una ocasión han señalado San Juan Pablo II y Benedicto XVI. Como consecuencia de ello, el primero indicó que "es preciso reconocer que en tiempos presentes se ha manifestado en muchos lugares una crisis de la frecuencia de los fieles al sacramento de la penitencia; [...] cierto número de fieles, bajo el influjo del clima de reivindicación de una libertad e independencia total del hombre, vigente en el mundo moderno, experimentan dificultad para reconocer la realidad y la gravedad del pecado y la propia culpabilidad, incluso delante de Dios", o no reconocen la mediación de la Iglesia en la reconciliación con Dios (catequesis del 15 de abril de 1992). Pero de cómo rebatir este error actual, nos ocuparemos en el próximo artículo.

Necesidad actual y perenne de este sacramento

Frente a lo que con frecuencia se dice y se trata de inculcar desde los medios hostiles al catolicismo, éste no crea un complejo de culpa, al menos cuando su doctrina es bien enseñada y vivida. Favorece, eso sí, una capacidad de reconocimiento de la propia realidad de la persona, de sus limitaciones, de su condición como ser digno creado por Dios pero herido por el pecado original y, por ello, inclinado a moverse por motivos egoístas que le apartan de su verdadero fin. Y al promover un frecuente examen de conciencia, el catolicismo conduce también a que la persona descubra una realidad maravillosa, como es la del perdón divino, la del Amor infinito de Dios que acude en busca del pecador y le muestra su misericordia. Por eso, lo que el catolicismo en verdad posibilita al hombre es un realismo esperanzador, le ofrece la confianza en un Dios-Amor que es capaz de hacerle superar las limitaciones derivadas de su condición pecadora. El pecador arrepentido se sabe perdonado y, por eso, vive feliz con esperanza y amor; al dolor por el pecado le sucede la alegría del perdón.

Dirigiéndose a la Iglesia en Europa, San Juan Pablo II explicaba esto con claridad en el año 2003: "Junto con la Eucaristía, el sacramento de la Reconciliación debe tener también un papel fundamental en la recuperación de la esperanza: En efecto, la experiencia personal del perdón de Dios para cada uno de nosotros es fundamento esencial de toda esperanza respecto a nuestro futuro. Una de las causas del abatimiento que acecha a muchos jóvenes de hoy debe buscarse en la incapacidad de reconocerse pecadores y dejarse perdonar, una incapacidad debida frecuentemente a la soledad de quien, viviendo como si Dios no existiera, no tiene a nadie a quien pedir perdón. El que, por el contrario, se reconoce pecador y se encomienda a la misericordia del Padre celestial, experimenta la alegría de una verdadera liberación y puede vivir sin encerrarse en su propia miseria. Es necesario, pues, que se revitalice en Europa el sacramento de la Reconciliación. Se recuerda, sin embargo, que la forma del sacramento es la confesión personal de los pecados seguida de la absolución individual. [...] Ante la pérdida tan extendida del sentido del pecado y la creciente mentalidad caracterizada por el relativismo y el subjetivismo en el campo moral, es preciso que en cada comunidad eclesial se imparta una seria formación de las conciencias." (*Ecclesia in Europa*, n. 76).

Cabe añadir, por otra parte, que la psiquiatría y la psicología son dos ciencias dignas de reconocimiento y no pocas veces son ejercidas por profesionales católicos rectamente orientados en su proceder y en sus consejos. Sin embargo, muchas personas acuden en nuestros días a resolver sus problemas a consultas cuyos titulares no siempre están inspirados en principios cristianos, pero que, eso sí, cobran puntualmente por sus servicios. Y en muchas ocasiones, bastantes de esos problemas se resolverían más fácilmente con un buen confesor, quien no exige un pago por administrar el sacramento de la Penitencia o Reconciliación. Esto no obsta, dicho sea de paso, que haya problemas que sean más propiamente competencia de un psicólogo o de un psiquiatra: en esos casos, el confesor puede y debe recomendar acudir a tales profesionales, siempre que conozca que son personas de sobrada garantía por su adhesión a la fe católica y que no van a ofrecer un consejo erróneo.

Institución del sacramento

Conforme a la doctrina enseñada desde antiguo por los Santos Padres, por los teólogos católicos y por el Magisterio de la Iglesia, el Sacro Concilio de Trento definió con claridad que Jesucristo instituyó principalmente el sacramento de la Penitencia cuando, después de resucitar, insufló el Espíritu Santo sobre sus Apóstoles y les concedió solemnemente la facultad de perdonar y de retener los pecados: "Recibid el Espíritu Santo; a quienes les perdonéis los pecados, les quedan perdonados; a quienes se los retengáis, les quedan retenidos" (Jn 20,22; Conc. Trento, ses. XIV, cap. 1).

La Iglesia, por lo tanto –Trento quiso dejarlo claro frente al error sostenido por los diversos grupos protestantes–, ha recibido directamente esta potestad de su mismo Fundador, nuestro Señor Jesucristo. Sólo Dios puede perdonar los pecados; y Jesucristo, como tal, lo hizo ostensiblemente o con nitidez en varias ocasiones (así, con el paralítico de Cafarnaum: Mt 9,1-8; Mc 2,1-12; Lc 5,17-26; y con la mujer adúltera: Jn 8,3-11). Por eso, la Santa Iglesia sólo ha podido recibir el poder de perdonar los pecados del mismo Dios en la Persona del Hijo por el Espíritu Santo. Jesucristo, en su misión de salvación universal, ha venido a llamar a los pecadores (Mt 9,12-13; Mc 2,17; Lc 5,31-32): la Iglesia, a través del primado de Pedro y de la sucesión apostólica, prosigue en el mundo esta misión, de tal forma que cuanto ella ate en la tierra quedará atado en los cielos, y cuanto desate quedará desatado en los cielos (Mt 16,19).

Celebración de la Penitencia sacramental

En los últimos años, sobre todo por medio de la palabra del sucesor de Pedro e incluso de su propio ejemplo sentándose en el confesionario (lo hizo con frecuencia San Juan Pablo II y también Benedicto XVI), la Iglesia ha reiterado en numerosas ocasiones que la manera normal de administrar el sacramento de la Penitencia es la confesión personal de los pecados seguida de la absolución individual. Aun cuando puedan realizarse celebraciones penitenciales comunitarias, en cierto modo como recuerdo de las tenidas por la Iglesia de los primeros siglos más que restaurándolas en toda su severidad (pues el tenor débil de algunos que dicen admirar tanto aquellos tiempos de la Iglesia no resistiría en realidad prácticas tan ásperas como las de entonces, con excomuniones públicas, colocación aparte de los penitentes, penas rigurosas, etc.), son imprescindibles la confesión personal y la absolución individual.

Sólo en casos extremadamente excepcionales, de necesidad grave por peligro inminente de muerte (por ejemplo, tropas que van de inmediato a un combate, aviones o barcos que amenazan claramente con caer o hundirse, etc.), puede administrarse la absolución general. También podría considerarse una necesidad grave, bajo juicio del obispo diocesano, el caso de la ausencia de un número suficiente de sacerdotes para oír en un tiempo razonable las confesiones individuales de un número muy elevado de penitentes, de tal modo que éstos, sin culpa suya, quedaran privados durante largo tiempo de la gracia sacramental o de la sagrada comunión; entonces, pues, se podría dar la absolución general, pero su validez sólo tendría efecto con el propósito de confesar individualmente sus pecados en su debido tiempo; no es el caso la abundante concurrencia de fieles con ocasión de grandes fiestas o de peregrinaciones (*Código de Derecho Canónico*, c. 961; *Catecismo de la Iglesia Católica*, n. 1483). En consecuencia, la inmensa mayoría de las absoluciones colectivas que se han dado –y aún se dan– en muchas parroquias en los últimos decenios son inválidas.

Aunque pueden darse salvedades, el lugar propio para oír las confesiones es una iglesia u oratorio y, si no es por justa causa, debe hacerse en el confesonario (*Código de Derecho Canónico*, c. 964).

Elementos del sacramento: materia y forma

El Concilio de Trento emplea de manera explícita los conceptos de "materia" y "forma" al tratar el sacramento de la Penitencia (Conc. Trento, ses. XIV, cap. 3): la materia son los actos del penitente, esto es, la contrición, la confesión y la satisfacción; y también señala el *Catecismo Romano*, elaborado a raíz de dicho Concilio, que es adecuado considerar asimismo materia de la penitencia los pecados que quedan aniquilados por este sacramento, de manera semejante a como la leña es consumida por el fuego. Por eso, el *Catecismo Mayor* de San Pío X hace una distinción notablemente nítida entre la materia remota de la Penitencia, es decir, los pecados cometidos por el penitente después del Bautismo, y la materia próxima, que son los mencionados actos del penitente: contrición, acusación o confesión y satisfacción.

En cuanto a la forma del sacramento, uno y otro Catecismo enseñan la misma doctrina afirmada por Trento: la forma son las palabras del ministro, "Yo te absuelvo de tus pecados, en el nombre del Padre y del Hijo y del Espíritu Santo. Amén" (*Ego te absolvo…*); fórmula a la cual se añaden otras preces u oraciones, no necesarias en sí mismas para la forma, sino para quitar todo lo que pudiera impedir la virtud y eficacia del sacramento por culpa de aquel a quien se administra.

Ministro

Frente a la línea protestante de suprimir la confesión al sacerdote, la Iglesia Católica hubo de reafirmar que sólo los sacerdotes pueden administrar válidamente este sacramento. Según el *Catecismo de la Iglesia Católica*, "puesto que Cristo confió a sus Apóstoles el ministerio de la reconciliación, los obispos, sus sucesores, y los presbíteros, colaboradores de los obispos, continúan ejerciendo este ministerio. En efecto, los obispos y los presbíteros, en virtud del sacramento del Orden, tienen el poder de perdonar todos los pecados en el nombre del Padre y del Hijo y del Espíritu Santo" (nn. 1461 y 1495; *Código de Derecho Canónico*, c. 965). Propiamente, el sacerdote debe tener la facultad de ejercer la potestad de orden sobre los fieles a quienes da la absolución. El sigilo sacramental (deber de guardar el secreto de confesión) es inviolable para el sacerdote (*Código de Derecho Canónico*, c. 983).

Ciertos pecados particularmente graves están sancionados con la excomunión: por ejemplo, la apostasía, la herejía y el cisma, la profanación sacrílega de las especies consagradas, la violación del sigilo sacramental por el confesor, el aborto… Es la pena eclesiástica más severa, que impide la recepción de los sacramentos y el ejercicio de determinados actos eclesiásticos. Su absolución, según los casos, sólo pueden concederla el Papa, el obispo del lugar o sacerdotes autorizados (ordinariamente, el penitenciario de la diócesis), si bien en peligro de muerte cualquier sacerdote podría darla. Por eso se habla de "pecados reservados". El Papa puede dar una licencia más amplia a todos los sacerdotes del mundo o a los de una diócesis o un país para absolver los pecados reservados, como ha hecho el Papa Francisco con respecto al aborto en varias ocasiones recientemente.

Partes del sacramento

Según se ha indicado, tres son las partes de este sacramento: contrición, confesión y satisfacción del penitente, y absolución. La contrición o dolor de los pecados es un pesar del ánimo por los pecados cometidos, detestándolos, y un propósito de no incurrir de nuevo en ellos; en sentido puro, es un dolor por haber ofendido a Dios. La confesión consiste en la acusación de nuestros pecados ante el confesor, quien hace las veces de Cristo que perdona. La satisfacción o penitencia son las oraciones, actos de piedad u obras buenas que el confesor impone al pecador para expiación de sus pecados. En fin, la absolución es la sentencia pronunciada por el sacerdote en nombre de Jesucristo para perdonar los pecados al penitente.

Disposiciones necesarias del penitente

Para una buena confesión son necesarias cinco cosas: examen de conciencia, dolor de los pecados, propósito de la enmienda, decir los pecados al confesor y cumplir la penitencia impuesta.

El examen de conciencia es un repaso y averiguación diligente de los pecados que se han cometido desde la última confesión bien hecha, trayendo cuidadosamente a la memoria y ante Dios tales faltas, que pueden haber sido de pensamiento, palabra, obra y omisión, contra los mandamientos de Dios y de la Iglesia y contra las obligaciones del propio estado de vida cristiana. El hacer todas las noches el examen de conciencia facilitará mucho el realizarlo bien para el momento de la confesión.

El dolor de los pecados es un pesar y una sincera detestación de la ofensa hecha a Dios, y puede ser perfecto o de contrición e imperfecto o de atrición. La contrición perfecta o de caridad brota del amor de Dios amado sobre todas las cosas; este dolor perdona entonces los pecados veniales y obtiene asimismo el perdón de los mortales existiendo resolución firme de confesarlos en cuanto sea posible. La contrición imperfecta o atrición es también un don de Dios, un impulso del Espíritu Santo, pero no nace tanto del dolor de haber ofendido a Dios (es decir, no hay un dolor tan puro de amor), sino que surge más bien de la repulsa a la fealdad del pecado cometido o por temor a la condenación eterna y a las demás penas con que es amenazado el pecador; la atrición, en consecuencia, no obtiene el perdón de los pecados graves, pero dispone a alcanzarlo en el sacramento de la Penitencia.

El propósito de la enmienda consiste en una firme resolución de nunca más pecar y de emplear todos los medios necesarios para evitarlo. Para que sea bueno, ha de ser absoluto, universal y eficaz: es decir, sin condición alguna de tiempo, lugar o persona; con voluntad de evitar todos los pecados mortales y de perder todo antes que volver a pecar, huyendo de las ocasiones peligrosas, tratando de desarraigar los malos hábitos y cumpliendo las obligaciones contraídas a consecuencia de nuestros pecados. En la medida de lo posible, conlleva el empeño de reparar la falta cometida, no sólo hacia Dios, sino también hacia el prójimo si ha afectado a éste.

Como recuerda el *Catecismo de la Iglesia Católica*, "la confesión de los pecados hecha al sacerdote constituye una parte esencial del sacramento de la Penitencia" (n. 1456). Y citando al Concilio de Trento, el mismo número del

Catecismo señala que “en la confesión, los penitentes deben enumerar todos los pecados mortales de que tienen conciencia tras haberse examinado seriamente, incluso si estos pecados son muy secretos […]”. Quien calla conscientemente algunos pecados, en realidad no confía en la Bondad divina o, por el contrario, trata de abusar de ella; por eso, el que actúa así en la confesión, sale de ella sin que le sean verdaderamente perdonados los pecados que ha confesado, no sólo los que oculta. Como decía San Jerónimo al respecto, “si el enfermo se avergüenza de descubrir su llaga al médico, la medicina no cura lo que ignora”. La confesión debe ser humilde, entera, sincera, prudente y breve; esto último no quita la posibilidad de que luego se continúe la conversación con el confesor si se trata de un caso de dirección espiritual o de otros temas de conciencia o de actuación ante ciertas situaciones vitales. Pero en la confesión se ha de evitar manifestar cosas inútiles y se debe procurar declarar con prudencia los pecados con términos modestos e intentando no descubrir pecados ajenos. Es obligatorio confesar los pecados mortales y resulta conveniente también decir los veniales, porque eso ayuda a formar la conciencia y a fortalecerse en el camino espiritual. Evidentemente, cuesta decir los pecados a otra persona (al sacerdote), porque es algo que ofende a nuestro amor propio, pero hay que tener presente que es el medio único por el que se puede alcanzar la gracia del perdón de Dios en condiciones normales, que la intimidad de la confesión queda salvaguardada por el sigilo sacramental a que está obligado el sacerdote, y que es infinitamente mayor la gracia de Dios alcanzada por este sacramento.

En fin, la penitencia o satisfacción impuesta por el confesor debe apuntar a la reparación de las faltas (hacia Dios, hacia el prójimo y hacia sí mismo), considerar la situación personal del penitente y buscar su bien espiritual, y ha de corresponder a la gravedad y a la naturaleza de los pecados cometidos. Puede consistir en la oración, ofrendas, obras de misericordia, servicios al prójimo, privaciones voluntarias, sacrificios y, sobre todo, la aceptación paciente de la cruz de cada uno. Estas penitencias ayudan a configurarnos con Cristo paciente, que expió por nuestros pecados, y nos permiten llegar a ser coherederos con Cristo resucitado.

Efectos de la Penitencia

Dice con gran acierto el *Catecismo Romano* elaborado por orden del Papa San Pío V a raíz del Concilio de Trento que “nada en verdad aprovechará tanto a los fieles, y nada les causará mayor gozo en recibir la Penitencia, como si los párrocos explicaran con frecuencia la inmensa utilidad que de ella sacamos. Porque comprenderán que puede muy bien decirse de la Penitencia que sus raíces son ciertamente amargas, mas sus frutos suavísimos. Porque toda la virtud de la Penitencia tiene por objeto restituirnos a la gracia de Dios y unirnos a Él con más estrecha amistad. Y en las almas piadosas que reciben este sacramento con pureza y fervor, suele a veces ir acompañada esta reconciliación de una paz y tranquilidad extraordinaria de conciencia, juntamente con suma alegría del espíritu. Porque no hay pecado alguno tan grave y horroroso, que no se borre con el sacramento de la Penitencia, no ya una sola vez, sino muchas y muchísimas veces" (parte II, cap. V, n. 18).

Por lo tanto, según lo resume el *Catecismo Mayor* de San Pío X, este sacramento confiere la gracia santificante con que se nos perdonan los pecados mortales y también los veniales que confesamos y de los que tenemos dolor; conmuta la pena eterna en la temporal y de ésta perdona más o menos según las disposiciones; restituye los merecimientos de las buenas obras hechas antes de cometer el pecado mortal; da al alma auxilios oportunos para no recaer en la culpa; y devuelve la paz a la conciencia. Por su parte, el *Catecismo de la Iglesia Católica* recuerda asimismo que el sacramento de la Penitencia no sólo nos reconcilia con Dios, sino también con su Iglesia, y que acrecienta las fuerzas espirituales para el combate cristiano (n. 1496).

Con respecto a la conveniencia de la confesión frecuente (pues al menos es obligatoria una vez al año, en peligro de muerte y si se ha de comulgar), San Juan Pablo II indicó que "el cristiano que cree en la eficacia del perdón sacramental recurre al sacramento, también fuera del caso de necesidad, con una cierta frecuencia, y encuentra en él el camino de una creciente delicadeza de conciencia y de una purificación cada vez más profunda, una fuente de paz, una ayuda en la lucha contra las tentaciones y en el esfuerzo por llevar una vida más acorde con las exigencias de la Ley y del amor de Dios" (catequesis del 15 de abril de 1992).

Las indulgencias

En fin, es adecuado añadir algunas palabras sobre las indulgencias, ya que la doctrina y la práctica de las mismas se hallan estrechamente ligadas a los efectos del sacramento de la Penitencia o de la Reconciliación. Según la definición ofrecida por el vigente *Código de Derecho Canónico*, "la indulgencia es la remisión ante Dios de la pena temporal por los pecados, ya perdonados en cuanto a la culpa, que un fiel dispuesto y cumpliendo determinadas condiciones consigue por mediación de la Iglesia, la cual, como administradora de la redención, distribuye y aplica con autoridad el tesoro de las satisfacciones de Cristo y de los Santos" (c. 992). Puede ser parcial o plenaria, según libre en parte o totalmente de la pena temporal debida por los pecados; y puede aplicarse por uno mismo o por los difuntos (cc. 993-994).

Al hablar de "pena temporal", se entiende la del Purgatorio, que no es eterna, sino transitoria para que el alma pueda alcanzar la pureza necesaria con la que pueda pasar a contemplar a Dios.

LA UNCIÓN DE LOS ENFERMOS O EXTREMAUNCIÓN

Errores actuales ante la muerte

Llegados al Sacramento de la Unción de los Enfermos o "Extremaunción", nos encontramos, por una parte, con que se podría abordar en breves líneas o, al menos, de forma no muy larga. Sin embargo, ante él se plantea una cuestión de fondo que hoy adquiere una relevancia muy singular: el sentido del dolor, del sufrimiento, de la enfermedad y de la muerte. Es decir, aquellas realidades que nos abren la puerta al tema de la trascendencia del hombre.

Quien hoy es Benedicto XVI, Joseph Ratzinger, señalaba con acierto en el capítulo segundo de su *Escatología* (Barcelona, 1980) que la actitud de nuestra sociedad ante la muerte se muestra contradictoria: por un lado, el fenómeno de la muerte es tabú y se prefiere no hablar de él o dulcificarlo tanto que queda del todo desvaído; por otro lado, la muerte se presenta con ocasión o sin ella, en correspondencia con la destrucción de todo pudor que hoy se da en los demás terrenos de la vida, y por eso nos podemos encontrar con películas en las que se presenta de un modo bestial.

El propio Ratzinger decía que tal contradicción se explica por una evolución en dos fases: primero, el mundo burgués oculta la muerte, de modo que la enfermedad y la muerte se convierten en problemas técnicos especiales, que se tratan en las instituciones previstas al respecto, pero se marginan en lo que se refiere a la concienciación y sociológicamente; así, ya no se trata de problemas físico-metafísicos que han de ser sufridos y superados en una comunidad de vida. En segundo lugar, se produce una evolución a una mirada "elitista" hacia la muerte, que la mira a los ojos, pero de una manera que lleva a su trivialización, afrontándola como un mero espectáculo para el cine o la televisión, como un excitante en medio del aburrimiento generalizado de la existencia humana actual. Es decir, se llega a una "cosificación" de la muerte, con la que en el fondo se permanece en la misma postura burguesa del tabú de la muerte: privarla del carácter de irrupción de lo metafísico y trascendente, hacer que no se plantee la terrible cuestión del sentido de la vida, que surge de la propia realidad de la muerte.

Ratzinger también recordaba que la postura cristiana tradicional hacia la muerte ha sido la de rogar a Dios: "Líbranos, Señor, de una muerte inesperada", con el fin de poder prepararnos bien a ella y lograr la salvación eterna. Hoy, en cambio, se prefiere una muerte repentina, sin sufrimiento, pero esto en el fondo refleja que no se ha conseguido anular el miedo metafísico, el miedo a lo trascendente. Se quisiera, pues, una muerte domesticada e incluso inexistente. Por eso mismo, hoy se promueve y se va aceptando la cuestión de la eutanasia, para anular la muerte como fenómeno metafísico-trascendente que se viene encima y sustituirla por la muerte técnica. Pero, como advertía quien hoy es nuestro Papa, el precio por esta marginación del temor a la muerte es que la deshumanización de la muerte desemboca en la deshumanización de la vida. La muerte, ciertamente, es la clave en la cuestión de comprender en definitiva qué es el hombre.

Aparte de motivos teológicos y pastorales razonables, personalmente pienso que ese temor a hablar de la muerte a las claras ha influido también de forma muy notable en el hecho de que los católicos hayamos querido dar un nuevo enfoque al Sacramento de la Extremaunción y con frecuencia prefiramos hoy hablar de "Unción de los Enfermos", término que ya se empleó antiguamente.

El sentido del sufrimiento, la enfermedad y la muerte

San Juan Pablo II ha sido un ejemplo de la actitud cristiana ante el dolor, la enfermedad y la muerte. Entregado de lleno a su ministerio, optó siempre por darse totalmente a la Iglesia con el máximo espíritu de servicio y de sacrificio. Por eso, cuando se vio debilitado por su salud, pidió la oración de todos los católicos para que Dios le diera fuerzas. Vivió su Pontificado en todo momento desde el misterio de la Cruz, el único capaz de explicar al hombre el valor de la entrega por amor y el sentido redentor y reparador del dolor y la trascendencia de la vida, más allá del umbral de la muerte. La clave de esta vivencia profunda nos la da la oración que compuso después del atentado padecido en 1981: "Unido a Cristo, Sacerdote y Víctima, ofrezco mis sufrimientos por la Iglesia y por el mundo. A ti, María, te digo de nuevo: *Totus tuus ego sum* (Soy todo tuyo)".

En 1984 publicó su Carta Apostólica *Salvifici doloris* (en adelante, SD), un magnífico compendio de la doctrina cristiana acerca del sentido y del valor del sufrimiento. En ella afirma que "el sufrimiento, más que todo lo demás, hace presente en la historia de la Humanidad la fuerza de la Redención. En la lucha *cósmica* entre las fuerzas espirituales del bien y las del mal, de las que habla la carta a los Efesios (Ef 6,12), los sufrimientos humanos, unidos al sufrimiento redentor de Cristo, constituyen un particular apoyo a las fuerzas del bien, abriendo el camino a la victoria de estas fuerzas salvíficas" (SD 27).

Por lo tanto, en ambos textos nos encontramos con la idea de la unión y asociación del cristiano a Jesucristo en el dolor, de participar de la Cruz del Redentor y colaborar así en su obra salvífica, de tal modo que el sufrimiento alcanza un valor trascendente y resulta de una gran eficacia para el mundo y para la vida eterna. "El sufrimiento es también una llamada a manifestar la grandeza moral del hombre, su madurez espiritual. De esto han dado prueba, en las diversas generaciones, los mártires y los confesores de Cristo, fieles a las palabras: «No tengáis miedo a los que matan el cuerpo, que el alma no pueden matarla»" (SD 22). "El sufrimiento, más que cualquier otra cosa, es el que abre el camino a la gracia que transforma las almas"

(SD 27). "Cuando este cuerpo está gravemente enfermo, totalmente inhábil, y el hombre se siente como incapaz de vivir y de obrar, tanto más se ponen en evidencia la madurez interior y la grandeza espiritual, constituyendo una lección conmovedora para los hombres sanos y normales" (SD 26). Y lo grandioso es observar cómo "los manantiales de la fuerza divina brotan, precisamente, en medio de la debilidad humana. Los que participan en los sufrimientos de Cristo conservan en sus sufrimientos una especialísima partícula del tesoro infinito de la redención del mundo y pueden compartir este tesoro con los demás" (SD 27). "El sufrimiento pertenece a la trascendencia del hombre; es uno de esos puntos en los que el hombre está en cierto sentido *destinado* a superarse a sí mismo, y de manera misteriosa es llamado a hacerlo" (SD 2).

Sólo desde la Cruz de Cristo, que nos permite ascender al misterio de Dios, es posible descubrir el misterio del dolor: "La Cruz de Cristo arroja de modo muy penetrante luz salvífica sobre la vida del hombre y, concretamente, sobre su sufrimiento, porque mediante la fe lo alcanza junto con la Resurrección" (SD 21). Lo más precioso para el discípulo de Jesucristo es participar de su Cruz uniendo los propios dolores a los suyos con un sentido de expiación, de reparación y de redención: "Cristo no explica abstractamente las razones del sufrimiento, sino que ante todo dice: *«Sígueme»; «Ven»; toma parte con tu sufrimiento en esta obra de salvación del mundo, que se realiza a través de mi sufrimiento. Por medio de mi Cruz.* A medida que el hombre toma su cruz, uniéndose espiritualmente a la Cruz de Cristo, se revela ante él el sentido salvífico del sufrimiento. El hombre no descubre este sentido a nivel humano, sino a nivel del sufrimiento de Cristo" (SD 26).

Nombres y razón del sacramento

A partir sobre todo de la constitución apostólica *Sacram Unctionem infirmorum* de Pablo VI (1972), se ha recuperado como nombre habitual para este sacramento el de "Unción de los enfermos", si bien con frecuencia se le sigue denominando con el que durante muchos siglos se vino designando más corrientemente: "Extremaunción". A estos nombres deben añadirse también los de "Sacramento de moribundos" y "Santos Óleos".

Ciertamente, se trata de un sacramento instituido para alivio espiritual e incluso corporal, si conviene, de los enfermos, y más propiamente de aquellos que se encuentran en peligro de muerte. La orientación reciente viene dada por una motivación nacida de la pastoral de los enfermos y por eso está hoy más abierto a administrarse a éstos de manera más amplia que antes: recuerda el *Catecismo de la Iglesia Católica* (n. 1514), valiéndose de la doctrina del Concilio Vaticano II y del Código de Derecho Canónico vigente, que "no es un sacramento sólo para aquellos que están a punto de morir. Por eso, se considera tiempo oportuno para recibirlo cuando el fiel empieza a estar en peligro de muerte por enfermedad o vejez". No obstante, esto no debe hacer perder de vista que el sacramento que aquí tratamos constituye en gran medida una preparación adecuada para bien morir, según en el mismo texto se apunta y se ha comprendido tradicionalmente: en consecuencia, para nada es incorrecta su visión como "Extremaunción", aun cuando pueda no limitarse a esta dimensión. Tal vez, cierta pérdida del sentido trascendente de la vida, cierta falta de fe (digámoslo a las claras), nos haya llevado incluso a los católicos a ver en la muerte un tabú que no nos atrevemos ya a plantear –a diferencia de antes– a los moribundos y agonizantes; pero esto no deja de ser una falta de caridad hacia ellos, porque, con paz y serenidad, no se les debe ocultar la realidad, que no es otra que la realidad misma de su salvación eterna.

En este sentido, no pierde valor el siguiente texto del *Catecismo Romano* promulgado por San Pío V cuando exhorta a los párrocos a hablar a los fieles de este sacramento, porque es "muy conveniente descubrir y explicar los misterios de las verdades que conducen a nuestra salvación" y "porque los fieles, recordando que todos debemos morir necesariamente, reprimirán los malos apetitos; de donde resultará que, lejos de sentir afligirse con la representación de la muerte, darán, por el contrario, constantemente gracias a Dios, porque, así como nos franqueó la entrada a la verdadera vida por el sacramento del Bautismo, así también instituyó el de la Extremaunción para que, al salir de esta vida mortal, tengamos más expedito el camino del cielo".

Institución

La Iglesia Católica afirma que este sacramento, como los otros seis, fue verdaderamente instituido por el propio Jesucristo, motivo por el que sus Apóstoles lo administraron en seguida. En efecto, sabemos por numerosos pasajes de los Evangelios que Él curaba a los enfermos y expulsaba a los demonios (dos cosas en sí distintas, aunque en algunos casos fueron unidas) y mandó a los Apóstoles que lo hicieran (Mt 10,8). De sus discípulos dijo: "En mi nombre impondrán las manos sobre los enfermos y se curarán" (Mc 16,18).

Pero hay sobre todo dos textos donde se observa la aplicación del mandato del Señor: en uno de ellos se dice que los Apóstoles predicaban, lanzaban demonios "y ungían a muchos enfermos con óleos y los curaban" (Mc 6,12-13). El otro pasaje que fundamentalmente arguyó la Iglesia Católica frente a los que negaban la institución de este sacramento por Jesucristo, sobre todo los protestantes, es de la carta de Santiago (St 5, 14-15): "¿Está enfermo alguno de vosotros? Llame a los presbíteros de la Iglesia, que oren sobre él y le unjan con óleo en el nombre del Señor".

Rito, materia y forma

La constitución apostólica *Sacram Unctionem infirmorum* de Pablo VI (1972), por la que se reformó la ceremonia de este sacramento, señala que "se administra a los gravemente enfermos ungiéndolos en la frente y en las manos con aceite de oliva debidamente bendecido o, según las circunstancias, con otro aceite de plantas, y pronunciando una sola vez estas palabras: «Por esta santa unción y por su bondadosa misericordia te ayude el Señor con la gracia del Espíritu Santo para que, libre de tus pecados, te conceda la salvación y te conforte en tu enfermedad»". En principio, el aceite debe estar bendecido por el obispo. En otros ritos y en el propio rito romano tradicional se observa también la unción de otras partes del cuerpo además de las indicadas.

Si es posible, se recomienda su celebración dentro de la Santa Misa. En cualquier caso, es deseable que se realice a continuación de haber recibido el enfermo los sacramentos de la Penitencia y de la Eucaristía. "A los que van a dejar esta vida, la Iglesia ofrece, además de la Unción de los enfermos, la Eucaristía como viático. Recibida en este momento del paso hacia el Padre, la Comunión del Cuerpo y la Sangre de Cristo tiene una significación y una importancia particulares. Es semilla de vida eterna y poder de resurrección, según las palabras del Señor" en Jn 6,54 (*Catecismo de la Iglesia Católica*, n. 1524).

La Unción de Enfermos se puede recibir más de una vez, entre otros motivos porque uno de sus efectos es la posible curación del cuerpo si conviene al enfermo por disposición divina para bien de su alma.

Sujeto y ministro

Según la Tradición secular de la Iglesia, que ha quedado recogida en la doctrina reciente del Concilio Vaticano II, en la mencionada constitución apostólica de 1972, en el *Catecismo de la Iglesia Católica* y en el vigente *Código de Derecho Canónico*, el sujeto de la Unción de enfermos es aquel enfermo grave que se halla en peligro de muerte, no necesariamente inminente, sino al menos de cierto riesgo. Más aún, no es algo nuevo, sino bien expresado por el *Catecismo Romano* promulgado por San Pío V, que no se debe esperar al último momento, cuando se haya perdido ya toda esperanza de vida y se comience a perder la razón y la sensibilidad, "porque es clarísimo que, para recibir la riquísima gracia del sacramento, sirve muchísimo que el enfermo sea ungido con el sagrado óleo cuando se hallan en él aún sanas su inteligencia y sensibilidad y es capaz de mostrar su fe y sus sentimientos piadosos". Por otra parte, como este mismo Catecismo advierte, es un sacramento para enfermos, no para sanos que se hallen en peligro de muerte: por lo tanto, no para los que van a emprender una navegación peligrosa, ni para soldados que van a una batalla, ni para condenados a muerte, etc..

El ministro es el obispo o el presbítero: "sólo los sacerdotes (presbíteros y obispos) pueden administrar el sacramento de la Unción de los enfermos; para conferirlo emplean óleo bendecido por el obispo, o, en caso necesario, por el mismo presbítero que celebra" (*Catecismo de la Iglesia Católica*, n. 1530).

Disposiciones para recibir el sacramento

El *Catecismo Mayor* de San Pío X señala las siguientes disposiciones para recibir la Unción de enfermos o Extremaunción: estar en gracia de Dios, confiar en la virtud del sacramento y en la divina misericordia y resignarse en la voluntad del Señor.

Ciertamente, para hallarse en gracia de Dios a la hora de recibirlo, es muy conveniente que se haya visto precedido de la Penitencia o Reconciliación y de la Eucaristía. El *Catecismo Romano* promulgado por San Pío V a raíz del Concilio de Trento indica que es necesario que el enfermo busque ante todo la salud del alma y en segundo lugar la del cuerpo: es decir, la finalidad de este sacramento es fundamentalmente espiritual, aunque puede tener también un efecto corporal.

Efectos

El *Catecismo Mayor* de San Pío X enumera los siguientes efectos del sacramento: "1° aumenta la gracia santificante; 2° borra los pecados veniales y aun los mortales que el enfermo arrepentido no hubiere podido confesar; 3° quita aquella debilidad y desmayo para el bien, que dura aún después de alcanzado el perdón de los pecados; 4° da fuerzas para sufrir con paciencia la enfermedad, resistir a las tentaciones y morir santamente; 5° ayuda a recobrar la salud del cuerpo, si conviene a la del alma".

Por su parte, el reciente *Compendio del Catecismo de la Iglesia Católica* (n. 319) resume así las enseñanzas de éste al respecto (nn. 1520-1523 y 1532): "Confiere una gracia particular, que une más íntimamente al enfermo a la Pasión de Cristo, por su bien y por el de toda la Iglesia, otorgándole fortaleza, paz, ánimo y también el perdón de los pecados, si el enfermo no ha podido confesarse. Además, este sacramento concede a veces, si Dios lo quiere, la recuperación de la salud física. En todo caso, esta Unción prepara al enfermo para pasar a la Casa del Padre".

Como se ve, la doctrina de la Iglesia no ha cambiado realmente en lo esencial: la constitución apostólica *Sacram Unctionem infirmorum* de Pablo VI, promulgada en 1972, acentúa si acaso una directriz en la pastoral de los enfermos, pero no supone un cambio en la doctrina sobre el sacramento, porque eso no lo podía hacer. Otra cosa es que, a raíz de ella, por querer entenderla abiertamente mal y por dejarse llevar del espíritu de "estos tiempos", entre no pocos eclesiásticos se haya querido evitar el tratamiento de la muerte y de los tradicionalmente denominados "Novísimos".

En fin, cabe tener en consideración un punto que aborda también el *Catecismo Romano* promulgado por San Pío V y que conviene no perder de vista cuando se trata de este sacramento: a la hora de la muerte, Satanás y sus demonios atentan contra el moribundo con todas sus fuerzas, intentando arrebatar a Dios un alma y llevarse para sí una presa al infierno. Ciertamente, como el mencionado Catecismo señala, ponen en ello todo su empeño, procurando suscitar en el agonizante la pérdida de la esperanza en la misericordia divina. Sabemos, de hecho, que algunos santos lo han padecido severamente en tales momentos: por ejemplo, Santa Teresa del Niño Jesús. Y por eso mismo, como también incide el Catecismo, el que puede con razón considerarse como el mayor de los efectos del sacramento de la Unción de enfermos o Extremaunción es la fortaleza que confiere a quien lo recibe, "porque con la confianza en la divina Bondad se reanima y alienta el espíritu del enfermo, y, sostenido en ella, sufre más serenamente todas las molestias de la enfermedad e inutiliza con más facilidad las arterias y astucias del mismo demonio que anda acechando a su calcañar".

EL SACRAMENTO DEL ORDEN

Justamente cuando debía preparar para *El pan de los pobres* los artículos correspondientes al Sacramento del Orden, tuve la dicha de recibir la ordenación sacerdotal el día 11 de julio de 2009, solemnidad de Nuestro Padre San Benito, Abad y Patrono de Europa, en la Basílica de Santa Cruz del Valle de los Caídos, cuyo culto mantiene diariamente mi Comunidad benedictina. Ofrezco una parte de la homilía de mi primera Misa, celebrada al día siguiente de la ordenación, para dar paso a los puntos que habrán de tratar más sistemáticamente el mencionado Sacramento.

"Sacerdos, alter Christus"

Las lecturas de hoy, domingo XV del Tiempo Ordinario, parecen muy apropiadas para un sacerdote que acaba de ser ordenado. En la primera (Am 7,12-15), vemos cómo Amós no pretendía arrogarse para sí la condición de profeta, sino que acogió esa vocación por verse llamado a ella por Dios: "El Señor me sacó de junto al rebaño y me dijo: Ve y profetiza a mi pueblo de Israel" (Am 7,15). La vocación, aunque requiere la aquiescencia del hombre, no es iniciativa humana, sino divina, como nos enseña Jesús cuando dice a sus apóstoles: "No sois vosotros los que me habéis elegido, soy Yo quien os ha elegido y os he destinado para que deis fruto y vuestro fruto dure" (Jn 15,16). Este sentido de la misión, que halla su fundamento en la misión recibida del Padre por Cristo y que Cristo nos invita a proseguir, es el que aparece recogido en el pasaje del Evangelio que hemos leído (Mc 6,7-13).

Pero quizá quepa llamar la atención en la segunda lectura, de la carta de San Pablo a los Efesios (Ef 1,3-14), que constituye un precioso cántico cristológico. En Cristo, nos dice el Apóstol, hemos recibido la bendición de Dios y hemos sido elegidos para ser consagrados e irreprochables ante Él por el amor; en Cristo hemos recibido de Dios la adopción filial y por Él hemos obtenido nuestra redención, alcanzando el tesoro de su gracia, que es participación ya de la gloria celestial y de la misma vida divina, de la vida de amor existente en el seno de la Santísima Trinidad.

Incido en este pasaje porque cabe ponerlo en relación con una verdad teológica que ha sido desarrollada con cierta profusión por el magisterio de la Iglesia al exponer la esencia de la vida sacerdotal: la plena configuración del sacerdote con Cristo, hasta el punto de poder decirse de él, como afirmó el gran Papa Pío XI, que es "otro Cristo (*alter Christus*), porque continúa en cierto modo al mismo Jesucristo: 'Así como el Padre me envió a Mí, así os envío Yo a vosotros' (Jn 20,21) (*Ad catholici sacerdotii*, n. 12)".

Este cristocentrismo en la vida del sacerdote, que en nuestra vida monástica se compenetra a la perfección con el que impregna toda la Regla benedictina y que se resume en la prescripción dada en ella por Nuestro Padre San Benito, "no anteponer nada al amor de Cristo" (RB 4, 21), eleva al sacerdote a una altura inigualable y, por eso mismo, también en cierto modo digna de suscitar en él un hondo temor, al tomar conciencia de que, si bien la carencia de santidad personal no invalida los sacramentos que administra, esa santidad de vida es una exigencia ineludible por la altura de su ministerio. En su santidad o en la carencia de ella se fijarán fundamentalmente los hombres, y en virtud de lo uno o de lo otro podrán acercarse a Dios o verse alejados de Él.

Y esa santidad, esencialmente, habrá de nacer del trato con el Señor, sobre todo al celebrar el Santo Sacrificio de la Misa, donde su unión con Jesucristo Sumo y Eterno Sacerdote ha de llegar al grado culminante. No en balde, en su reciente carta dirigida a los presbíteros con motivo del año sacerdotal, Benedicto XVI acaba de recordar una consideración de San Juan María Vianney, el Santo Cura de Ars, que los sacerdotes debemos meditar con frecuencia: "Todas las buenas obras juntas no son comparables al Sacrificio de la Misa, porque son obras de hombres, mientras la Santa Misa es obra de Dios. [...] La causa de la relajación del sacerdote es que descuida la Misa. Dios mío, ¡qué pena el sacerdote que celebra como si estuviese haciendo algo ordinario!"

Nombre y grados del sacramento del Orden

Con el término *Orden* se designa un cuerpo eclesial del que se entra a formar parte por una especial consagración (*ordinatio*, "ordenación"), que, por un don singular del Espíritu Santo, permite ejercer una potestad sagrada al servicio del Pueblo de Dios en nombre y con la autoridad de Cristo (*Compendio del Catecismo de la Iglesia Católica*, n. 323).

En la antigüedad romana, la palabra *Ordo* (orden) se refería a cuerpos sociales constituidos en sentido civil y la *ordinatio* era la integración en uno de ellos. Además, el *Catecismo Romano* publicado por San Pío V considera la conveniencia de este nombre, dado que el orden es cierta disposición de cosas superiores e inferiores bien ajustadas y relacionadas entre sí y resulta muy apropiado para dar a entender la dignidad y excelencia de los ministros de Dios: por eso los Padres de la Iglesia optaron por hacer uso del término. En definitiva, es una expresión clara de la organización jerárquica que Cristo confirió a su Iglesia.

Como plasmación de ese orden dentro del mismo sacramento, existen tres grados principales: el supremo es el Episcopado, que encierra la plenitud del sacerdocio; el segundo es el Presbiterado o Sacerdocio simple; y el tercero es el Diaconado, del cual durante muchos siglos se han derivado el subdiaconado y las órdenes menores (ostiario, lector, exorcista y acólito). Actualmente, por regla general sólo se mantienen el episcopado, el presbiterado y el diaconado como grados del Orden y el lectorado y el acolitado como ministerios.

Institución del Orden

El Orden, como todos los sacramentos, fue verdaderamente instituido por Nuestro Señor Jesucristo. Lo hizo en la Última Cena, juntamente con la Eucaristía: entonces, como recuerda el *Catecismo Mayor* de San Pío X, instituyó Él mismo los dos grados superiores del Orden Sagrado, esto es, el Episcopado y el Sacerdocio simple; y luego, por medio de los Apóstoles, instituyó el Diaconado. En la Última Cena confirió a los Apóstoles y a sus sucesores la potestad de consagrar la Santísima Eucaristía y el día de la Resurrección les dio el poder de perdonar y de retener los pecados. El Concilio de Trento reafirmó la doctrina tradicional católica frente al protestantismo: el Orden es un verdadero sacramento y fue realmente instituido por Jesucristo; por tanto, no es de institución humana, sino divina.

En la Antigua Alianza, fue prefigurado por el servicio de los levitas (los miembros de la tribu de Leví) y por el sacerdocio de Aarón (el hermano de Moisés) y la institución de los setenta Ancianos. Pero muy especialmente fue prefigurado por el sacerdocio real de Melquisedec, rey de Salem: Jesucristo, mediante su sacrificio en la Cruz, se ha convertido en el Sumo y Eterno Sacerdote de la Nueva Alianza según el orden de Melquisedec (Hb 5,10), el único Mediador entre Dios y los hombres (1 Tim 2,5). De Él deriva todo el sacerdocio católico, por participación de su Sumo y Eterno Sacerdocio. Santo Tomás de Aquino lo afirmó con claridad, como se recuerda en el *Compendio* antes citado: "Sólo Cristo es el verdadero sacerdote; los demás son ministros suyos". Pero tal es esta participación y tan íntima resulta la unión del sacerdote con su Cabeza, que le convierte en "otro Cristo", *alter Christus*, según recordara Pío XI (*Ad catholici sacerdotii*, n. 12).

Ministro del sacramento

Conforme a la enseñanza del *Catecismo de la Iglesia Católica* (n. 1576), "dado que el sacramento del Orden es el sacramento del ministerio apostólico, corresponde a los obispos, en cuanto sucesores de los apóstoles, transmitir el 'don espiritual', 'la semilla apostólica' (cf. Concilio Vaticano II, *Lumen gentium*, 21 y 20 respectivamente). Los obispos válidamente ordenados, es decir, que están en la línea de la sucesión apostólica, confieren válidamente los tres grados del sacramento del Orden". El *Catecismo Romano* de San Pío V recalcaba además que la administración del sacramento por el obispo como legítimo y único ministro es práctica confirmada por la Sagrada Escritura y por la constante Tradición de la Iglesia.

La sucesión apostólica es la línea de continuidad existente desde los apóstoles en las personas que reciben el Orden, y especialmente el episcopado.

Sujeto del sacramento

Sólo el varón bautizado puede recibir el sacramento, lo cual no es capricho de la Iglesia, sino que ésta sencillamente ha tenido que proseguir lo que hizo su divino Fundador, Jesucristo nuestro Señor. Así lo ha reafirmado la Iglesia en el *Catecismo de la Iglesia Católica*, en el *Código de Derecho Canónico* y en otros documentos promulgados hasta nuestros días por los Papas y por los Dicasterios romanos. Y es que, ciertamente, el Señor eligió a hombres para formar el colegio de los Apóstoles (Mc 3,14-19; Lc 6,12-16) y éstos hicieron lo mismo cuando escogieron a sus colaboradores y sucesores (1Tim 3,1-13; 2Tim 1,6; Tt 1,5-9). La Iglesia, vinculada a esta decisión del Señor, no puede estar pendiente de los gustos de ciertos sectores ni de las exigencias de los grupos feministas de nuestro tiempo. No por ello se niega la dignidad de la mujer, ensalzada realmente por Jesucristo, sino que se reconoce la diversidad de funciones y se asume con amor la decisión de Aquel que, haciéndose obediente hasta la muerte y una muerte de cruz, nos enseñó el camino de la obediencia. Por lo tanto, la ordenación de una mujer sería inválida y ella no recibiría verdaderamente el sacramento del Orden: esto aumenta más aún la invalidez de las ordenaciones femeninas en algunos grupos protestantes en nuestros días (que de por sí son corrientemente inválidas al no existir en ellos la sucesión apostólica).

Con relación a la vocación, es muy bonita una consideración recogida por el *Catecismo de la Iglesia Católica* (n. 1578): "nadie tiene derecho a recibir el sacramento del Orden. En efecto, nadie se arroga para sí mismo este oficio". Y es que, en efecto, "no sois vosotros los que me habéis elegido, soy yo quien os he elegido y os he destinado para que deis fruto y vuestro fruto dure" (Jn 15,16). Es Cristo, pues, quien llama, y es la Iglesia la que, en su nombre, discierne las señales de esa llamada y las cualidades del candidato, aceptándolo o no para la ordenación y llamando así al ordenando. El sacramento del Orden, por lo tanto, ha de ser recibido como un inmenso don inmerecido, un regalo de Dios que nadie merece por sí mismo y que siempre habrá de agradecerse con humildad.

Es necesario que se den unas condiciones idóneas en los candidatos y la Iglesia debe ser muy exigente en el examen de algunas de ellas, más aún si se quieren evitar sorpresas desagradables el día de mañana y la presencia de ministros indignos. Por otro lado, la Iglesia latina ha establecido desde muy antiguo para los sacerdotes el celibato "por el Reino de los cielos" (Mt 19,12), para que su consagración al Señor sea plena y puedan entregarse por completo a Él como su supremo Amor y a las cosas de Él con entera dedicación, en un anticipo de la gloria celestial.

Sacerdocio común y sacerdocio ministerial

Habiendo hablado del sujeto del sacramento del Orden, es necesario hacer un inciso para referirnos brevemente pero con claridad a la doctrina del sacerdocio común de los fieles, bien expuesta por el Magisterio de la Iglesia Católica. Con frecuencia se ha entendido y se ha enseñado mal en tiempos recientes y se han producido graves confusiones que han acercado las opiniones de muchos católicos a las sostenidas desde hace siglos por diversos grupos protestantes.

En efecto, éstos incidieron en ciertas citas bíblicas para sostener que no era necesario el sacerdocio ministerial y jerárquico, porque todos los fieles cristianos son sacerdotes. Lo segundo es verdad rectamente comprendido, pero lo primero es de lleno un craso error. Afirma San Pedro, a partir de textos del Antiguo Testamento, que "vosotros sois 'linaje escogido', 'sacerdocio real, nación santa', 'pueblo de su propiedad', para que proclaméis las grandezas de Aquel que os llamó a su admirable luz" (1Pe 2,9). Y San Juan dice en el Apocalipsis que Jesucristo hizo de nosotros "un reino, sacerdotes para Dios, su Padre" (Ap 1,6).

Ante la interpretación errónea de los protestantes, el Concilio de Trento dejó clara la doctrina tradicional de la Iglesia y la expuso con precisión en el *Catecismo Romano* que San Pío V promulgó a raíz de la celebración de esta sacra asamblea. En dicho Catecismo se señala que los párrocos deben saber distinguir y explicar a los fieles la diferencia entre el "sacerdocio interno" y el "sacerdocio externo", conforme a la enseñanza de la Sagrada Escritura: el primero es el sacerdocio común de los fieles, que por el bautismo y por una vida santa "tienen el espíritu de Dios y son hechos, por la divina gracia, miembros vivos del Sumo Sacerdote Jesucristo". Por medio de la fe inflamada por la caridad ofrecen sacrificios espirituales a Dios en el altar de su corazón, tales como las buenas obras. En cuanto al "sacerdocio externo", "no pertenece a todos los fieles, sino a determinados hombres, que ordenados y consagrados por Dios por la legítima imposición de las manos, y con solemnes ceremonias de la Santa Iglesia, están dedicados a un ministerio especial y sagrado"; el "sacerdocio externo" es el que corresponde al sacramento del Orden.

Por su parte, el Concilio Vaticano II también dejó nítidos los conceptos, hablando de "sacerdocio común de los fieles" y "sacerdocio ministerial y jerárquico". En la Constitución sobre la Iglesia *Lumen gentium*, siguiendo las enseñanzas de Pío XII, afirmó con claridad: "el sacerdocio común de los fieles y el sacerdocio ministerial o jerárquico, aunque diferentes esencialmente y no sólo en grado [por lo tanto, no son iguales], se ordenan, sin embargo, el uno al otro, pues ambos participan a su manera del único sacerdocio de Cristo. El sacerdocio ministerial, por la potestad sagrada de que goza, forma y dirige al pueblo sacerdotal, y confecciona el sacrificio eucarístico en la persona de Cristo y lo ofrece en nombre de todo el pueblo de Dios. Los fieles, en cambio, en virtud de su sacerdocio regio, concurren a la ofrenda de la

Eucaristía y lo ejercen en la recepción de los sacramentos, en la oración y acción de gracias, mediante el testimonio de una vida santa, en la abnegación y caridad operante" (LG, 10).

En conclusión, el sacerdocio ministerial es distinto del común de los fieles no sólo en grado, sino también esencialmente, y se recibe de manera exclusiva en virtud del sacramento del Orden. Los disparates que han cometido algunos sacerdotes invitando al pueblo a "concelebrar" con ellos en ciertas misas bajo el argumento de que "todos somos sacerdotes", no son más que eso: disparates ñoños muy propios de los años 70. Esos fieles no tienen potestad alguna para consagrar y, de hecho, no consagran aunque digan las palabras de la institución de la Eucaristía.

Celebración del sacramento: materia y forma

El rito esencial de este sacramento está constituido, para los tres grados (episcopado, presbiterado y diaconado) por la imposición de manos del obispo sobre la cabeza del ordenado, así como por una oración consecratoria específica que pide a Dios la efusión del Espíritu Santo y de sus dones apropiados al ministerio (*Catecismo de la Iglesia Católica*, n. 1573: citando a Pío XII, Constitución Apostólica *Sacramentum ordinis*). El Venerable Pío XII, en el mencionado documento, zanjaba de este modo la secular polémica sobre la forma y la materia del sacramento: "la materia única de las sagradas órdenes del diaconado, presbiterado y episcopado es la imposición de manos, y la forma, igualmente única, son las palabras que determinan la aplicación de la materia, por las que unívocamente se significan los efectos sacramentales –es decir, la potestad de orden y la gracia del Espíritu Santo– y que por la Iglesia son recibidas y usadas como tales". Pío XII determinó además que la entrega de los instrumentos no es necesaria para la validez, pese al parecer de muchos teólogos antiguos.

No obstante, a esa parte esencial se añaden otros ritos complementarios, pero que no dejan de tener cierto carácter fundamental según las tradiciones litúrgicas: entrega de los instrumentos u objetos sagrados, investidura de la dalmática (propia del diácono) o de la casulla (del presbítero), entrega del anillo, báculo y mitra (propios del obispo), unción con el santo crisma (para el sacerdote y para el obispo)...

Efectos del sacramento

El Orden es uno de los sacramentos que "imprimen carácter": imprime un sello espiritual indeleble en el alma de quien lo recibe. Por eso, no se puede conferir para un tiempo determinado ni se puede recibir más de una vez. Con toda razón se dice que quien es ordenado sacerdote, es, al igual que Cristo –de cuyo Sacerdocio sumo y único deriva todo sacerdocio–, *sacerdos in eternum*, por siempre; y lo mismo puede decirse del diácono. El Concilio de Trento confirmó al respecto la doctrina tradicional de la Iglesia.

Este sacramento "configura con Cristo mediante una gracia especial del Espíritu Santo a fin de servir de instrumento de Cristo en favor de su Iglesia. Por la ordenación recibe la capacidad de actuar como representante de Cristo, Cabeza de la Iglesia, en su triple función de sacerdote, profeta y rey" (*Catecismo de la Iglesia Católica*, n. 1581). La indignidad del ordenado no impide a Cristo actuar por su medio, siempre que administre los sacramentos debidamente.

Conforme a la doctrina expuesta por Trento, el Orden produce en el alma de quien lo recibe la gracia de la santificación y confiere además una gracia de potestad especial con relación al sacramento de la Eucaristía: potestad plena y perfecta en el sacerdote, porque sólo él puede consagrar el Cuerpo y la Sangre del Señor; y en menor grado también en el diácono, pues por su ministerio se aproxima al sacramento del Altar.

Amor al sacerdocio

Los santos han tenido un gran amor al sacerdocio. San Francisco de Asís no quiso recibir la ordenación presbiteral por el profundo respeto y estima que le causaba y siempre insistía en que es un pecado muy grave despreciar a los sacerdotes, tal como más recientemente enseñó con mucha claridad el *Catecismo Mayor* de San Pío X: quien desprecia el sacerdocio, desprecia al mismo Cristo. Los pecados personales de los sacerdotes no deben hacer olvidar la elevada dignidad de su ministerio: esto obliga a los formadores y a la jerarquía eclesiástica a ser sumamente cautos y exigentes a la hora de conceder el acceso a las órdenes sagradas, estudiando la sinceridad de la vocación, las cualidades y la dignidad de vida de los candidatos. Como bien apuntaba el catecismo recién citado, a pesar de la "guerra que mueve el infierno contra el sacerdocio católico", éste durará hasta el final de los siglos, porque es estrictamente necesario a la Iglesia.

EL SACRAMENTO DEL MATRIMONIO

La crisis actual del matrimonio y de la familia

El pensador francés Jean Madiran ha hablado de la formación de una especie de frente "Todo Contra Natura" (T.C.N.) en nuestros días, como una amalgama de diversas tendencias que coinciden en la búsqueda de una inversión progresiva pero total de la moral y del Derecho. En este frente concurren aquellos que combaten la familia, la vida, el orden natural, el sentido de Patria, etc.

Es evidente que en nuestros días se ha emprendido una verdadera campaña contra la familia y contra su fundamento: el matrimonio entre un hombre y una mujer con carácter estable. "Son muchos –decía San Juan Pablo II– los factores culturales, sociales y políticos que contribuyen a provocar una crisis cada vez más evidente de la familia. Comprometen en buena medida la verdad y dignidad de la persona humana y ponen en tela de juicio, desvirtuándola, la idea misma de familia. El valor de la indisolubilidad matrimonial se tergiversa cada vez más; se reclaman formas de reconocimiento legal de las convivencias de hecho, equiparándolas al matrimonio legítimo; no faltan proyectos para aceptar modelos de pareja en los que la diferencia sexual no se considera esencial" (*Ecclesia in Europa*, n. 90).

El divorcio

La ofensiva divorcista fue sin duda la primera en el proceso de destrucción de la familia, después de la emprendida para promover el matrimonio civil frente al canónico. En Italia y España vino patrocinada incluso por políticos democristianos, lo cual deja ver la inconsistencia cristiana de tal corriente política. Pero los efectos del divorcio, como en general los de la ruptura de los matrimonios (también las separaciones), son innegablemente terribles para los cónyuges, mucho más aún para los hijos y, en consecuencia, también para el conjunto de la sociedad. Los hijos de matrimonios rotos crecen con un profundo dolor interior que no raramente les provoca secuelas en su carácter: tristeza, decaimiento y tendencia depresiva, carencia de objetivos y consiguiente vida descentrada, falta de ilusión ante el futuro, sensación de soledad y de ausencia de afecto, etc.

Por otra parte, cuando los padres han llegado a la ruptura total ante la ley por medio del divorcio (que no rompe los vínculos contraídos entre ellos ante Dios), con frecuencia inician un recorrido sentimental que va como en espiral, uniéndose cada uno (o al menos aquel que no tiene unas convicciones religiosas muy sólidas) a una nueva pareja; y cuando un poco más adelante se cansan ya de ésta, se unen a otra nueva, y luego a otra… Se da así el caso, cada vez más, de hijos que ven a su madre con un hombre distinto de su padre, y a éste con una mujer distinta de su madre, y no pocas veces acaban viendo pasar por delante de sus ojos una lista más o menos larga de nuevos hombres y mujeres con los que les será imposible sentir y establecer los lazos afectivos que, de forma natural, les podían unir a sus verdaderos padres. Y con relación a los padres, además, en numerosas ocasiones se acaban debilitando tales lazos, porque llegan a comprender que les importan más los nuevos emparejamientos que los propios hijos, y que éstos más bien les estorban. De este modo, se acrecienta la sensación de crecer sin auténtico afecto y sin un matrimonio estable en el que vean verdadero amor mutuo y entre padres e hijos; y a ello se suma el hecho de que estos hijos se están criando sin unos referentes firmes en los que poder fijarse y con los que desear conformarse como modelos ejemplares; y si adquieren un ejemplo, es el de la inestabilidad y el continuo cambio de pareja. Todo lo cual, por supuesto, acaba conduciendo a la más total inestabilidad e inmadurez de las nuevas generaciones y a la más absoluta debilidad de la sociedad conformada por tales miembros. Enrique Rojas, catedrático de Psiquiatría, ha afirmado que "la vida afectiva está hoy sometida a la demolición de una sociedad neurótica que fabrica parejas débiles y frágiles. En el hombre moderno, amor y trabajo llevan direcciones opuestas: se afianza lo profesional, y lo afectivo cae en la rutina y en relaciones de escasa madurez".

La negación del derecho a la vida

En el punto anterior nos referíamos a la crisis que sufre en la actualidad la institución familiar y nos centramos especialmente en los efectos del divorcio. Pero hoy además se destruye el valor del matrimonio y de la familia atacándolos en su fruto principal: la transmisión del don de la vida. Desde un planteamiento individualista, se pretende hacer pensar que el aborto y la eutanasia son medios lícitos para acabar con la vida de un ser humano, porque así les puede convenir a ciertas personas que libremente opten por estos medios. Se ha configurado lo que con acierto San Juan Pablo II denominó una "cultura de la muerte", frente a la cual urge relanzar una "cultura de la vida"; el Papa Francisco ha hablado de manera similar de la "sociedad del descarte".

Refiriéndose al Viejo Continente, decía el citado Pontífice Juan Pablo II: "El envejecimiento y la disminución de la población que se advierte en muchos países de Europa es motivo de preocupación; en efecto, la disminución de los nacimientos es síntoma de escasa serenidad ante el propio futuro; manifiesta claramente una falta de esperanza y es signo de la 'cultura de la muerte' que invade la sociedad actual. Junto con la disminución de la natalidad, se han de recordar otros signos que contribuyen a delinear el eclipse del valor de la vida y a desencadenar una especie de conspiración contra ella. Entre ellos se ha de mencionar con tristeza, ante todo, la difusión del aborto, recurriendo incluso a productos químico-farmacéuticos que permiten efectuarlo sin tener que acudir al médico y eludir cualquier forma de responsabilidad social; ello es favorecido por la existencia en muchos Estados del continente de legislaciones permisivas de un acto que es siempre un 'crimen nefando' y un grave desorden moral. Tampoco se pueden olvidar los atentados perpetrados por la intervención sobre los embriones humanos [...]. Se ha de citar también la tendencia, detectada en algunas partes de Europa, a creer que se puede poner conscientemente punto final a la propia vida o a la de otro ser humano: de aquí la difusión de la eutanasia [...]" (*Ecclesia in Europa*, n. 95).

El aborto, la manipulación genética que termina con frecuencia en la destrucción de embriones humanos "inservibles", y la eutanasia, son formas de asesinato que en buena parte de Europa se realizan bajo el amparo de la ley y se muestran a la sociedad como signo claro del progreso. Cuando se llega a esta situación, se ha producido una pérdida de la valoración de la persona y de la vida humana, que es radicalmente negada por la práctica legal de los "Estados democráticos y de Derecho".

Las uniones homosexuales

Otra dimensión agresiva en la lucha contra el matrimonio y la familia es la búsqueda intencionada de la inversión del orden natural, pretendiendo hacer que se llegue a considerar como normal lo que no lo es y viceversa. Especialmente destaca en este sentido la promoción fanática de la "ideología de género", pretendiendo dar carta de total legalidad, entre otras cosas, a la unión entre personas del mismo sexo, hasta el punto de concederle la denominación de "matrimonio", y el empeño puesto en difundir entre los niños y las jóvenes generaciones el que esto se asuma como algo normal; y siempre, por supuesto, alegando los "derechos" y la "libertad" de los individuos: es decir, el más absoluto individualismo y la concepción equívoca y errónea de la libertad. Según el magistrado Javier Gómez de Liaño, "la unión entre homosexuales no es matrimonio. Si pudieran hacerlo en las mismas condiciones que puede hacerlo un heterosexual, habría discriminación para éste último. Me da que lo que pretenden es que los que no somos homosexuales admitamos con naturalidad que los que sí lo son puedan casarse."

La Iglesia Católica no desprecia a las personas homosexuales, pues como personas gozan de una dignidad propia que no les puede ser negada por nadie; pero afirma con claridad que no es lícita la unión sexual entre ellas, porque la única unión sexual válida y legítima es la que se realiza conforme a la naturaleza, es decir, entre un hombre y una mujer, y ello dentro del matrimonio con que queda santificada y plenamente dignificada. Es un deber, por tanto, distinguir entre las personas que tienen una tendencia homosexual (y muchas veces tratan de encauzarla rectamente según las enseñanzas de la Iglesia), y los grupos de presión homosexual que luchan por la inversión del orden natural.

De Ley Natural y dimensión sagrada

El matrimonio es una institución de Ley Natural, común a todas las sociedades humanas a lo largo de la Historia y en la cual se funda la familia, que se constituye en la primera sociedad. Así lo refleja claramente Aristóteles cuando afirma: "la primera unión de personas a que da origen la necesidad es la que se da entre aquellos seres que son incapaces de vivir el uno sin el otro, es decir, es la unión del varón y la hembra para la continuidad de la especie –y eso no por un propósito deliberado, sino porque en el hombre, igual que en los demás animales y las plantas, hay un instinto natural que desea dejar detrás de sí otro ser de la misma clase que uno mismo [...]. Por consiguiente, la comunidad que brota naturalmente para atender las cosas cotidianas es la casa o familia" (*Política*, lib. I, cap. 1). También Cicerón sostiene que "como sea propio de todos los animales el deseo de multiplicarse, la primera sociedad está en el matrimonio; la segunda, en los hijos, de que se forma una casa y un todo común, y éste es el principio de las ciudades, y como seminario de la república" (*Los oficios*, lib. I, cap. 17). Asimismo, en el confucionismo chino se expresa esta realidad de forma clara: Mencio afirma la gran importancia de la unión matrimonial del hombre y la mujer y dice que "el reino es el fundamento del Imperio, la familia es el fundamento del reino, y la base de la familia es el individuo" (Confucio, *Los cuatro libros clásicos o "Shu"*, Cuarto Libro Clásico, lib. II, cap. 1, 5; y cap. 3, 2).

Pero, además del carácter natural de la unión del hombre y de la mujer, que nace de la naturaleza social del hombre ("el hombre es por naturaleza un animal político o social", dice Aristóteles en el capítulo mencionado y lo confirma Santo Tomás de Aquino en el opúsculo *Sobre el gobierno de los príncipes*, lib. I, cap. 1), todas las civilizaciones y culturas han percibido y reconocido siempre en el matrimonio una dimensión trascendente, sagrada, que le pone en relación con la divinidad. Por eso, en todos los lugares y a lo largo de todos los siglos, en todas las religiones, la boda ha consistido fundamentalmente en una ceremonia religiosa y se ha dado a esa unión un carácter de perpetuidad en esta vida, incluso en las sociedades abiertas al divorcio como la judía o la romana. En consecuencia, se hacen augurios, se desea buena suerte y prosperidad a los novios, se pide que tengan abundancia de hijos, etc. Por lo tanto, puede decirse sin temor que no sólo es de Ley Natural la unión entre el varón y la mujer con miras a la perpetuación de la especie y al origen de una familia, sino también el reconocimiento de su dimensión sagrada.

En el cristianismo

Muy bien resolvía el *Catecismo Mayor* de San Pío X la cuestión planteada sobre el origen y la institución del matrimonio: "El matrimonio fue instituido por el mismo Dios en el paraíso terrenal, y en el Nuevo Testamento fue elevado por Jesucristo a la dignidad de sacramento". Con eso está dicho todo: es una institución de Derecho Natural, establecida por Dios en el origen mismo de la especie humana, y Jesucristo ha elevado esa dimensión sagrada a su culminación, hasta convertirlo en sacramento de la Iglesia por medio del cual se transmite la gracia divina a los esposos para su santificación y salvación.

Es precioso y lleno de contenido el relato de los dos primeros capítulos del *Génesis*, donde dice Dios después de haber creado a Adán: "No es bueno que el hombre esté solo; le haré una ayuda semejante a él": por eso crea a la mujer, y el hombre, al contemplarla, exclama admirado: "¡Ésta sí que es hueso de mis huesos y carne de mi carne!" De esta manera, la unión entre el hombre y la mujer surge como una realidad natural querida por Dios, hasta tal punto que "por eso abandonará el varón a su padre y a su madre y se unirá con su mujer, formando ambos una sola carne". El matrimonio, pues, es una sociedad natural, de la cual se deriva naturalmente toda otra sociedad humana, comenzando por la familia: "Creó, pues, Dios al hombre a su imagen, a imagen de Dios lo creó, macho y hembra los creó. Y los bendijo Dios y les dijo: «Procread y multiplicaos, y henchid la tierra y sojuzgadla, y dominad en los peces del mar, y en las aves del cielo, y en toda bestia que se mueve sobre la tierra»" (Gén 1,27-28; 2,18.23-24).

Nombre del sacramento del Matrimonio

El matrimonio ha quedado definido de manera bastante nítida en el punto anterior. No obstante, cabe recoger algunas definiciones claras que hoy conviene tener en cuenta ante la confusión que se trata de suscitar en torno a esta institución a la vez natural y sagrada. Así, el *Catecismo Romano* derivado del Concilio de Trento y publicado por el papa San Pío V decía que "matrimonio es la unión marital de un hombre y de una mujer entre personas legítimas, constituyendo una sociedad indisoluble". El *Catecismo Mayor* de San Pío X, incidiendo en su carácter sacramental en el cristianismo, lo definía así: "el matrimonio es un sacramento instituido por nuestro Señor Jesucristo, que establece una santa e indisoluble unión entre el hombre y la mujer y les da gracia para amarse uno a otro santamente y educar cristianamente a los hijos". Y el *Catecismo de la Iglesia Católica* promulgado por San Juan Pablo II lo hace con las siguientes palabras, tomadas del *Código de Derecho Canónico*: "la alianza matrimonial, por la que el varón y la mujer constituyen entre sí un consorcio de toda la vida, ordenado por su misma índole natural al bien de los cónyuges y a la generación y educación de la prole, fue elevada por Cristo Nuestro Señor a la dignidad de sacramento entre bautizados" (n. 1601).

A todo esto, el mencionado *Catecismo Romano*, citando a San Agustín, señala que también recibe los nombres de "unión conyugal" y "nupcias": el primero por el verbo latino *coniungere*, pues los esposos se enlazan como un yugo; y el segundo porque, según explicaba San Ambrosio, las doncellas se cubrían con un velo por pudor, con lo que parece significar que deben estar sujetas a sus maridos.

Institución como sacramento

Hemos dicho claramente que el matrimonio es de Ley Natural: por lo tanto, ha sido algo inscrito por Dios en el corazón de los hombres. Explicitando esto, el papa Pío XI señaló: "el matrimonio no ha sido instituido ni restaurado por obra humana, sino divina; que ha sido protegido con leyes, confirmado y elevado no por los hombres, sino por el propio Dios, autor de la naturaleza, y por el restaurador de esa misma naturaleza, Cristo Nuestro Señor". No obstante, requiere también la voluntad de los hombres, porque nace del libre consentimiento de ambos esposos (*Casti connubii*, nn. 5-6 y 10).

El matrimonio, como indica el *Catecismo Romano* de San Pío V, fue instituido por Dios desde los orígenes para propagar el género humano, pero Jesucristo le dio la dignidad de sacramento, significando en la unión de los esposos la unión entre Él y la Iglesia, conforme lo refleja San Pablo en el capítulo 5 de la carta a los Efesios. La Tradición ha visto corrientemente la institución sacramental del matrimonio en la presencia santificadora de Jesús en las bodas de Caná (Jn 2,1-11). A ello habrían de sumarse sus enseñanzas sobre el matrimonio, restaurándolo en su pureza original, por la que los esposos serán "una sola carne", según la cita del Génesis, y restableciendo plenamente su carácter indisoluble (Mt 19,1-12; Mc 10,1-12; cf. Gén 2,24). Aun cuando no estuviera aun instituido como sacramento de la Nueva Ley, y teniendo en cuenta las especiales características virginales del matrimonio de María y José, éste supone un modelo magnífico para los esposos cristianos y para su vida familiar.

Consentimiento y contrato

Por Ley Natural, el matrimonio es un contrato entre los esposos; además, Jesucristo lo ha elevado a la dignidad de sacramento para abrirlo de lleno a la vida de la gracia. Como afirma el *Catecismo Mayor* de San Pío X, "el matrimonio entre cristianos no puede separarse del sacramento, porque para ellos no es otra cosa el matrimonio que el mismo contrato natural elevado por Jesucristo a la dignidad de sacramento". Por eso, el *Catecismo Romano* de San Pío V dice que es "un contrato recíproco. Y de aquí resulta que no puede ser bastante el consentimiento de uno solo para contraer matrimonio, sino que tiene que ser mutuo de los dos entre sí, y para expresar este mutuo consentimiento de la voluntad es clarísimo que debe hacerse por medio de palabras".

Esto refleja que la Iglesia, frente a las conveniencias de algunos particulares (conveniencias familiares, de clanes, políticas, etc.), siempre ha defendido la libertad de los contrayentes y que el verdadero matrimonio ha de nacer de su libre consentimiento, no de imposiciones externas. Es algo que aparece igualmente con claridad en el *Código de Derecho Canónico* y en el *Catecismo de la Iglesia Católica* (nn. 1625-1632). Por eso mismo, se ha de procurar una adecuada preparación para el matrimonio (n. 1632). El "acto libre con que ambas partes [los esposos] conceden y aceptan el derecho propio del matrimonio es tan necesario, que no hay poder humano capaz de suplirlo" (Pío XI, *Casti connubii*, n. 6).

Indisolubilidad

Es muy importante tener en cuenta lo que Cristo advierte en su enseñanza sobre el matrimonio (Mt 19,1-12; Mc 10,1-12): la ley mosaica permitió a los judíos el divorcio por su "dureza de corazón", "pero desde un principio no ha sido así", pues los dos esposos, por el matrimonio, "serán una sola carne" (cf. Gén 2,24). En consecuencia, "lo que Dios unió, no lo separe el hombre".

Jesucristo, por tanto, ha restaurado una nota fundamental del matrimonio: la indisolubilidad del vínculo conyugal hasta la muerte de uno de los esposos. Ha restaurado una característica con la que Dios lo estableció en los orígenes del hombre. Puede decirse, pues, que la indisolubilidad del matrimonio es no sólo de ley positiva revelada, sino también de Ley Natural (aunque, evidentemente, aparezca mejor explicitada en aquélla). Ciertamente, en ella se descubren dos bienes de validez universal para todos los hombres, aun cuando no hayan conocido la revelación cristiana: la dimensión sagrada y trascendente de la institución matrimonial y su estabilidad, que confiere al conjunto de la sociedad un bien inmenso al asentar sobre pilares firmes la vida de la propia sociedad.

La indisolubilidad perdura en la vida presente, pero no en la futura, pues en el Cielo los hombres "no se casarán, sino que serán como ángeles" (Mt 22,30; Mc 12,25; Lc 10,36). Lo cual no es óbice para que, quienes han estado unidos en la tierra por el vínculo matrimonial, estén unidos en la dicha celestial por un especial vínculo de caridad, porque es la virtud teologal mayor y la que subsistirá en la eternidad (1Cor 13,8.13).

En consecuencia, ningún poder civil, por muy democrático que pretenda ser, tiene facultad real y legítima para determinar la disolución del vínculo matrimonial: es algo que se le escapa por completo. No puede actuar contra la Ley Natural ni derogar el carácter sagrado –sacramental en el catolicismo– del matrimonio.

Bienes del matrimonio

En unos momentos en los que el matrimonio era fuertemente atacado –no se ha llegado a la situación actual de un día para otro–, el papa Pío XI promulgó la encíclica *Casti connubii* (1930) para defender con firmeza los fundamentos de esta institución. Recogiendo la enseñanza de San Agustín y desarrollándola, el Sumo

Pontífice expuso los tres grandes bienes del matrimonio: prole, fidelidad y sacramento (*proles, fides, sacramentum*). Esta enumeración del santo obispo de Hipona también fue tenida en cuenta por el Concilio de Trento y se incluyó explícitamente en el *Catecismo Romano* que San Pío V publicó a partir de él. Es doctrina de la Iglesia.

El primero de tales bienes incluye la educación de los hijos. Conforme a la doctrina del propio San Agustín, la prole debe además ser recibida con amor: el Papa advierte que no es simple procreación, sino que por la excelencia de la naturaleza racional humana supera a las otras criaturas visibles y además Dios quiere que nazcan hombres para que lo amen y gocen eternamente de Él en el Cielo. Los esposos cristianos están llamados a "engendrar la progenie de la Iglesia de Cristo", "conciudadanos de los santos y domésticos de Dios" (*Casti connubii*, n. 14). San Juan Pablo II ha expresado muy bellamente que, "en su realidad más profunda, el amor es esencialmente don, y el amor conyugal, a la vez que conduce a los esposos al recíproco conocimiento que les hace una sola carne, no se agota dentro de la pareja, ya que los hace capaces de la máxima donación posible, por la cual se convierten en cooperadores de Dios en el don de la vida a una nueva persona humana. [...] Al hacerse padres, los esposos reciben de Dios el don de una nueva responsabilidad. Su amor paterno está llamado a ser para los hijos el signo visible del mismo amor de Dios" (*Familiaris consortio*, n. 14).

En cuanto al bien de la fidelidad, "consiste en la lealtad mutua de los cónyuges en el cumplimiento del contrato conyugal"; fidelidad que exige la absoluta unicidad del matrimonio (*Casti connubii*, nn. 19-20). La "fidelidad de la castidad", según Pío XI siguiendo a San Agustín, debe brotar del amor conyugal, "que penetra todas las obligaciones de la vida conyugal y tiene en el matrimonio cristiano cierta primacía de nobleza" (*Casti connubii*, n. 23). San Juan Pablo II diría más tarde: "la familia, fundada y vivificada por el amor, es una comunidad de personas: del hombre y de la mujer esposos, de los padres y de los hijos, de los parientes"; "el principio interior, la fuerza permanente y la meta última" del cometido de vivir esa comunión y de ser comunidad de personas es el amor, porque sin él la familia no puede vivir, crecer y perfeccionarse como tal comunidad (*Familiaris consortio*, n. 18). El amor conyugal nace de Dios, que es Amor, y se caracteriza por ser un amor plenamente humano, total, fiel, exclusivo y fecundo (Beato Pablo VI, *Humanae vitae*, n. 9).

En fin, la totalidad de estos bienes se completa y culmina en el sacramento, el cual expresa no sólo la indisolubilidad del vínculo, sino también la elevación y consagración del contrato, operadas por Cristo, a signo eficaz de gracia (*Casti connubii*, n. 31). El sacramento refuerza la indisolubilidad, hace referir el matrimonio a la unión esponsal de Cristo con la Iglesia, perfecciona el amor y es fuente de gracia, porque los esposos se abren a ésta y de ella pueden recibir las fuerzas sobrenaturales para cumplir fiel, santa y perseverantemente hasta la muerte sus deberes y obligaciones. Bien resume el *Catecismo Mayor* de San Pío X los efectos de este sacramento: 1° acrecienta la gracia santificante; 2° confiere gracia especial para cumplir todos los deberes matrimoniales.

Ministros y rito

Los ministros de este sacramento son los mismos contrayentes, no el sacerdote: ellos recíprocamente confieren y reciben el sacramento, si bien es necesario que lo hagan en presencia de un sacerdote (o bien de un diácono), de tal forma que expresen así ante la Iglesia su mutuo consentimiento. Ordinariamente, se procura que la celebración tenga lugar dentro de la Santa Misa, dando mayor realce a la unión esponsal de Cristo con su Iglesia, modelo sobre el que se ha de configurar el vínculo entre los contrayentes, y para que, al comulgar en el mismo Cuerpo y en la misma Sangre del Señor, formen un solo cuerpo en Él (cf. 1Cor 10,17).

La liturgia, en su diversidad de ritos, es rica en oraciones y bendiciones pidiendo a Dios su gracia sobre la nueva pareja y especialmente sobre la esposa. Los esposos reciben el Espíritu Santo como comunión de amor de Cristo y de la Iglesia (cf. Ef 5,32): el Espíritu Santo es así "el sello de la alianza entre los esposos, la fuente siempre generosa de su amor, la fuerza con que se renovará su fidelidad" (*Catecismo de la Iglesia Católica*, n. 1624).

Es indispensable el libre consentimiento entre los contrayentes, como ya se vio: si éste faltase, no habría matrimonio válido. Debe ser un acto de la voluntad de cada uno, libre de coacción o de temor grave externo, según determina el Derecho Canónico. También es necesaria la presencia de testigos, por tratarse de un estado de vida dentro de la Iglesia.

La bendición que reciben los esposos por parte del sacerdote no es necesaria para constituir el sacramento, pero sirve para sancionar su unión en nombre de la Iglesia y para atraer sobre ellos más copiosamente las bendiciones de Dios.

Separación, divorcio y nulidad

Tal vez convenga aclarar tres conceptos que muchas veces se confunden en el ambiente social de rupturas matrimoniales que nos rodea.

Siempre es deseable por principio la unión perfecta de los esposos y que los problemas de su convivencia traten de resolverse con un esfuerzo de comprensión, apertura al otro, disposición al perdón, humildad y una caridad que nazca del mismo amor de Dios y del hecho de que Cristo es el centro del matrimonio. No obstante, pueden darse situaciones en que, por razones muy diversas, la convivencia se haga imposible y se llegue a la separación física de los esposos, el fin de la cohabitación y la separación también de sus bienes. Pero eso no significa que el vínculo matrimonial haya desaparecido: la indisolubilidad del matrimonio es objetiva y a los ojos de Dios siguen siendo marido y mujer hasta que uno de los dos fallezca. La Iglesia permite la separación (e incluso en ocasiones podría ser hasta recomendable, por ejemplo si peligra la vida de uno de los cónyuges y/o de los hijos). Pero lo deseable, desde luego, es que se prosiga en un esfuerzo de reconciliación.

El divorcio no está admitido en ningún caso por la Iglesia: supone la ruptura del vínculo matrimonial por una disposición de la autoridad civil; ruptura que no es reconocida por la Iglesia, porque ante los ojos de Dios sigue existiendo el matrimonio de esos esposos. Cualquier nueva unión de un esposo divorciado con otra pareja es un adulterio. Y como dijera un pensador español, el divorcio es "una institución llamada a dar salida cobarde a lo que, como todas las cosas profundas y grandes, sólo debe desenlazarse en maravilla de gloria o en fracaso sufrido en severo silencio".

En fin, la nulidad matrimonial no es un "divorcio eclesiástico", aunque lamentablemente algunos lo afronten así alegando falsos testimonios. Se trata de la declaración de que un matrimonio ha sido nulo porque no se dieron realmente las condiciones necesarias para el mismo: no se determina el fin de una unión matrimonial, sino que sencillamente se declara que ésta no ha existido como tal desde un principio, porque no hubo matrimonio válido.

Printed by Books on Demand GmbH, Norderstedt / Germany